PropTech

Property×Technology

100兆円の巨大市場 激変

プロップテックの衝撃

桜井 駿 Shun Sakurai

デジタルベースキャピタル 代表パートナー

日経FinTech

日経BP

はじめに

“Software is eating the world,”（ソフトウェアが世界を飲み込む）

Netscapeの開発者で、ベンチャー投資家として知られるMarc Andreessen氏が2011年に発した言葉だ。

あれから10年が経ち、この予言は見事に的中した。Amazon、Apple、Facebook、Uber、Airbnb、Netflixなどあらゆるサービスが誕生し、リアル世界を飲み込んでいった。これらの企業は時にプラットフォーマーと呼ばれ、世界中に事業を展開する巨大な企業へと成長した。

ソフトウエアはあらゆる産業を飲み込んでいったが、残っていたのが不動産、実業が存在する真に「リアルな産業」だった。ベンチャー投資家をはじめITのプロたちは当初、このリアルな産業へのスタートアップの展開を避けていた。なぜなら、スタートアップは、テクノロジーを用いて、いわば指数関数的な急成長を遂げることを求められているからだ。実物の不動産を扱うには多額の資金を必要とし時間もかかる。スケール（拡大）することは難しいと考えられていた。

さらに、ITビジネスの鉄則は「持たない」経営であり、在庫や従業員などを多くもつ必要があるビジネスは、スタートアップから離れた存在として見られていた。

しかし、数十兆円、数百兆円という巨大な不動産、建設市場を前にして、ついにスタートアップの波が訪れた。目の前の膨大な機会に対して、最後のイノベーションの地といわんばかりに、2017年に10兆円ファンドを組成したソフトバンクビジョンファンドを筆頭に多くのマネーがこのリアルな産業に流れ込んだ。

わずか数年での出来事である。米国、中国の資本市場の厚みがもたらす膨大なマネーにより、Andreessen氏が予見した世界のフィナーレを遂に迎えつつあるのだ。

「Fintechで起こったことが我々の身にも起こるのではないか」

そういった声が不動産をはじめとする非金融の業界から急速に聞こえ始めたのが2017年ごろだ。日本では2015年ごろからFintechが話題となり、スタートアップの誕生と成長・拡大、次々と取り組みを開始するメガバンクをはじめとした金融機関、さらには金融庁までもが迅速に動き出し、Fintechの推進を担った。

動きが遅い、意思決定が遅いと思っていた銀行をはじめとする金融業界の変貌を目の当たりにして、経営陣であるほど、自社とその業界への変革の足音を感じとっていただろう。

そして変革への準備が不動産業界で進んでいなかったわけではない。建設分野でのテクノロジー活用を目指す「i-Construction（アイ・コンストラクション）」の取り組み、不動産取り引きにおける非対面化、電子化に関する社会実験の取り組みをそれぞれ2015年から国土交通省が旗振り役を担って推進している。

これらの取り組みの合流地点であり、世界的なPropTech元年と言えるのが2020年だった。米国Opendoor社の上場は関係者に衝撃を与えた。個人向けの不動産買取再販事業を展開し、時価総額は1.5兆円。2014年に設立されたOpendoorはわずか7年足らずで巨大なPropTech企業へと成長を遂げた。米国には、まだまだ数兆円クラスへの成長を控えるPropTechスタートアップが何社も控えている。

巨大な市場でリーダシップを取る可能性がある企業に大量の資金が集まる。資本市場の厚みを持つ米国ならではのエコシステムがPropTechを後押ししている。

同じく複数のPropTechユニコーン（未上場で時価総額が1000億円以上の企業）を抱えるのが中国だ。世界のPropTechは米国と中国に牽引されていると言っても過言ではない。巨大な不動産業界市場の規模と、潤沢なマネーを背景にして、リアルな不動産、建設といった資産にプラットフォーマーが次々と生まれている。

本書を手に取った方は、PropTech、不動産テックと言うと、VR（仮想現実）ゴーグルをつけて内見するといった、いわゆる「不動産×IT」の利用シーンを想像するかもしれない。しかし、世界で起こっている

PropTechは不動産、建設分野の巨大プラットフォーマーを既に生み出している新しい概念だ。そして、これらの動きは、不動産会社、金融機関、建設会社といった所属組織に関係なく、その業界の垣根を超えたイノベーションへと移行しつつある。

PropTechの本質は、エンドユーザーから見た不動産、建設、金融などの財産を再定義することである。利用者から見れば、不動産が建築される、取り引きされる、利用する、それぞれのフェーズにおいて「建設会社」や「不動産仲介会社」といった会社の枠組みや業界構造は極論関係ないと言える。

次なる産業、インベーションの地は、不動産でも建設業でもない、私たちの衣食住にかかわるリアルな市場と、それをつなぐ金融とが融合した新たな市場の誕生だ。

既にその変革は入り口に立っている。本書は、不動産や建設業界以外で働く皆様にも向けて書いている。今このリアルな産業で何が起こっているのか、今後どうなるのか、そして私たちにとってどのようなビジネス機会があるのか、こうしたことを考えるきっかけにしていただければ幸いである。

100兆円の巨大市場、激変
プロップテックの衝撃

第4章 PropTechを取り巻く プレーヤー／エコシステム

第5章 PropTechで何が変わるのか …… 205

第1章

PropTechとは何か

ネクストFintechと呼ばれる、XTech「最大の金脈」

国内の市場規模46兆円（法人企業統計より）の不動産という巨大な市場に、スタートアップによる変革の波が押し寄せている。PropTech（プロップテック）とは、Property（土地、建物）×Technology（技術）を掛け合わせた造語である（**図1-1**）。分かりやすく言えば、Fintech（フィンテック）の不動産版だ。

Fintech、すなわちFinance（金融）×Technologyは、金融、お金領域でのイノベーションを指す。読者の皆様も一度は耳にしたことがあるだろう。Fintechのような「○○×Technology（XTech）」は、農業（AgriTech）、食（FoodTech）、医療（MedTech）などさまざまな分野に波及し、中でもFintechは一大旋風を世界中で巻き起こした。

お金はほぼ全ての人々に関係し、金融業界の市場規模は各国でも大きい。Fintechも当初はFinTechと表記されていたが、そのイノベーションは一般化し、もはや造語ではなくなった。そのためFinTechは、Tが小文字になりFintechとして一般名詞化したのである。実は、PropTechはそのFintechのインパクトを超える「ネクストFintech」と期待されているのだ。

「Software Is Eating The World（ソフトウエアが世界を食い尽くす）」――。

米Netscape Communications社の創業者の一人、Marc Andreessen氏が2011年に残した言葉だ。その後、多くのスタートアップたちがさまざまな産業でイノベーションを起こしている。小売、音楽、広告、金融…。

図1-1　PropTechとは、不動産や建設、金融などリアル市場を対象に、ITやIoT、AIなどの先端技術を駆使して新市場や新サービスを切り開いていく新しい概念。いわゆる金融分野のFintechの不動産版で、土地や建物を意味する「Property」と技術の「Technology」を掛け合わせた造語である。

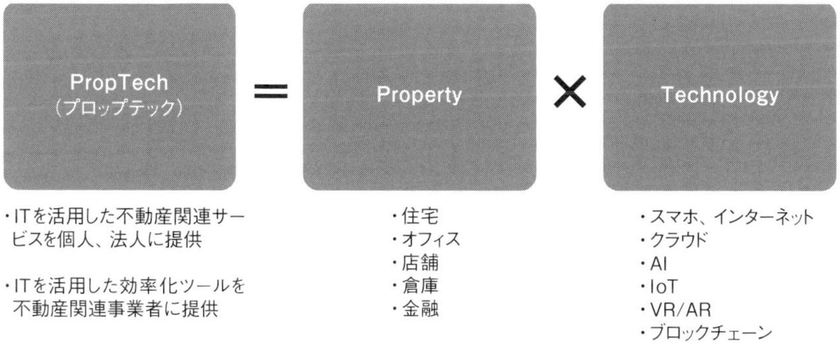

氏が予想した未来は現実のものとなり、テクノロジー、スタートアップによる変革に直面していない業界はほとんどないと言っていい。

そんな中、ソフトウエアが食い尽くす領域として残された数少ない領域が不動産、リアル市場であり、あらゆる産業のイノベーションが進む中で、「ネクストFintech」と期待される巨大市場がPropTechとして動き出した。PropTechとは、Property、つまりは土地や不動産といった財産を対象としたイノベーションを指し、それは大きく二つの形態に分類することができる（**図1-2**）。

- テクノロジーを活用して個人、法人向けに不動産関連サービスを提供する
- テクノロジーを活用したツール、ソリューションを不動産関連事業者に提供する

PropTechは、日本語では不動産テックと呼ばれる。不動産テックと聞くと「VR（仮想現実）による部屋の内見サービス」といったものを思い浮かべるかもしれない。海外においても、もともとはReal Estate Techという呼び名が一般的で、基本的には不動産事業者向けにその業務をサポートする製品、サービスを提供するスタートアップを「不動産テック企業」と呼ぶことが多かった。

それが2017年ごろになるとPropTechという呼び名に変わり、グローバルにおいてはPropTechの呼び名が市民権を得て、一般的となった。

これは単なる言葉遊びではなく、重要で本質的な意味がある。PropTechとは、不動産事業者に限らず、私たち一般の個人や、企業など、全ての利用者を起点にしてPropertyの領域を最適化、あるいは再定義しようとする試みである。別の言い方をすれば、エンドユーザーを起点にし

図1-2　大きく分けて2通りあるPropTechのサービス。一つは、ITを活用しエンドユーザーである個人・法人向けに提供するサービス。もう一つは、ITツールを不動産事業者向けに提供するサービスである。それをさらに目的別に見ていくと、図のような整理となる。

	対象		目的	サービス例
PropTech	ITを活用して不動産関連サービスを提供	個人	買う	✓リノベーションマーケットプレース
			投資	✓不動産クラウドファンディング ✓オンラインエージェント
			売る	✓iBuyer
			資金調達	✓デジタルレンダー ✓オルタナティブファイナンス
		法人	借りる	✓コーリビング ✓オンライン賃貸 ✓オンラインエージェント ✓シェアオフィス
			暮らす	✓家具家電サブスク ✓オンデマンドストレージ ✓スマートロック ✓スペースシェアリング ✓ゴーストキッチン ✓インシュアテック
	ITツールを不動産関連会社に提供	開発業務	管理	✓建設管理サービス
			査定・評価	✓不動産価格推計サービス ✓不動産価格査定サービス
		仲介業務	管理	✓ポータルサイト、リスティングサービス ✓内見予約、反響管理ツール ✓クレジットテック、家賃保証サービス
			デジタル化	✓オンライン契約サービス ✓ウェブ、オンライン申込サービス ✓VR内見サービス
		管理業務	管理	✓クラウド物件管理サービス
			委託	✓ホーム/オフィスサービスプラットフォーム

て土地や建物に焦点を当て、人々の生活や働き方に、より高い付加価値や利便性をもたらそうとする試みがPropTechと言える。

その結果、海外ではPropTechを捉える際に、Fintechはもちろん、ConTech（建設テック）、CREtech（企業不動産、商業不動産テック）、スマートシティ、MaaS（モビリティ・アズ・ア・サービス）という不動産に隣接するキーワードと共に議論されることが多い。

不動産、建設、金融、物流、自動車といった巨大な産業たちが一堂に合流、あるいは融合を開始しているからこそ、その市場規模のインパクトからPropTechはネクストFintechと呼ばれているのである。

巨大な隣接市場のConTech

不動産業界よりもさらに大きな国内63兆円（国土交通省令和元年度建設投資見通しより）という市場規模を有し、不動産という存在と切り離せないのが建設業界である。

グローバルにおいても、PropTechにConTechは含まれるのか、含まれないのか、その定義の議論はまだ続いている。Construction（建設）×Technologyの造語であるConTechは、主に建築・土木における設計、施工、維持管理におけるテクノロジーの活用を指す。

施工は不動産の起点に位置し、保守・管理の領域は不動産管理の領域に重なることからも、ConTechをPropTechの一部と捉える見方は多い。

ConTechが対象とする建設業界は、主に土木と建築の二つの分野に分けることができる。そして最大の特徴は、土木においては公共分野、すなわち国や自治体が主な発注者として市場のほとんどの割合を占め、建築分野も法人企業がその多くを占める、いわゆる「toB」をメインとした市場である。

我が国では、代表的な発注主体である国が、国土交通省による「i-Construction」と呼ばれる取り組みを推進している点は特筆すべきであろう。そのi-Constructionは、ICT（情報通信技術）の全面的な活用（ICT土工）といった施策を建設現場に導入することによって、建設生産システム全体の生産性向上を図り、魅力ある建設現場を目指す取り組みである。

2015年から開始したi-Constructionの背景には、建設業界が抱える人手不足という課題がある。建設就業者数は1997年にピークを迎えてから減り続け、2015年にはピーク時から27%減少。さらに就業者の約3割が55歳以上と高齢化が進行している。建設業界において、生産性の向上が急務となっているのだ。

こうした取り組みが功を奏してか、筆者も海外を訪問したり、海外の関係者と会議をしたりしていると、日本の「ConTech」による取り組みへの認知と関心が高いことに驚く。

北欧フィンランドのヘルシンキでは、1000名以上が参加するPropTechカンファレンス「RECOTECH」が毎年冬に開催される。2016年のMeetupからスタートしたRECOTECHは、世界最大のスタートアップイベント「Slush」の開催に合わせて実施されるが、その名であるRECOはReal EstateとConstructionの頭文字から成る。実際、カンファレンスの内容は不動産テックと建設テックでおおよそ半分ずつとなっている。

筆者は2018年12月に開催されたRECOTECH2018に日本人として初めて登壇し、日本のPropTechマーケットについてプレゼンを行った。そこで多くの参加者と会話をしたのだが、参加者から日本のゼネコンをはじめとする建設業界の取り組みについて多くの質問を受けた。測量におけるドローンの活用や、工事現場におけるロボットの活用など、日本の大手建設会社の先進的な取り組みは海外から熱視線を受けているのである。

海外で先行するCRETech

PropTechにおいて盛り上がりを見せる領域の一つがCREtech（企業不動産、商業不動産テック）だ。企業が保有する不動産を指すCorporate real estate（企業不動産）またはホテル、ショッピングモールといったCommercial real estate（商業不動産）とTechnologyを掛け合わせた造語である。

CREtechは、私たちの「働く」に着目したキーワードで、オフィスや店舗といった企業不動産・商業不動産領域のイノベーションと定義することができる。テクノロジーを活用してオフィスや店舗スペースを最適化、再定義する、または商業不動産取り引きをテクノロジーで効率化するといったサービスが登場している。

CREtechが一つのキーワードとして独立している背景には、その市場規模の大きさがある。例えば日本国内で見てみても、国内の不動産資産規模は約2606兆円（国土交通省の資料「(1) 不動産投資市場の現状と最近の動きについて」より）で、そのうち法人所有の不動産と公的な不動産の資産規模は合わせて1320兆円に上る。

不動産は金融と同様にインフラであり、あらゆるビジネスにとって欠かせない存在である。その商業不動産の管理や、取り引きにもテクノロジーによる変革がもたらされ始めている。

実は、日本国内において、CREtechのスタートアップはとても少なく、海外に比べると拡大余地が非常に大きいと言える。海外では続々とCREtech分野のスタートアップが誕生しているのに対して、日本でその数が少ない一つの理由は「専門性」にある。

不動産の管理や取り引きは、その資産種類に限らず専門性が求められる。特に企業不動産、商業不動産となると用途は多岐にわたり、関連する仕事に従事していなければ一般には関与しない領域となる。

専門性や慣習が求められるため、誰でもCREtech領域のスタートアップを起業できるわけではなく、大手デベロッパーや、不動産ファンドで経験を積んだ経験者を起業、あるいは創業チームの一員とする必要がある。特に日本の大手デベロッパーには優秀な人材が集まっているものの、これまでが裁量が大きく自由な仕事をしながら待遇も良かったため、スタートアップを創業するといった事例は少なかったのかもしれない。

しかしようやく、日本でも大手デベロッパーや不動産ファンドで経験を積んだ人材がCREtech分野の会社を起業する例が出始めている。

不動産と一口にいっても「居住用」と「事業用」では全く異なる。例えば、自宅のマンションを探すために不動産ポータルサイトを利用したことがある人は多いだろう。住みたい街のエリアと住宅の間取りや広さなどから検索し、いくらの家賃で募集されているか探し出すことができる。

一方で、法人用のオフィスについては、探したことがある人は分かると思うが、探すのにも一苦労してしまう。なぜなら、多くの場合で賃料は「問い合わせ」となっており、公開されていることが居住用不動産よりも圧倒的に少ないからだ。これは、入居するテナントごとに契約内容が全く異なる場合があることや、同業者に対して情報を公開したくないといったことが背景にある。

また、住宅の賃貸借契約と、法人の事務所の賃貸借契約においては、現状回復の考え方が全く異なるなど、違いが多くある。こうしたユーザーの不便や不満を解決する形で、海外ではCREtechのサービスが誕生しているのだ。

隣接領域として先行したFintech

Fintechは既述した通り、Finance × Technologyを組み合わせた造語である。XTechの代表格としても知られ、金融業界という巨大な市場に一大ムーブメントを巻き起こした。

日本において、Fintechエコシステムの推進を担うのが、一般社団法人Fintech協会だ。当初は大文字のTを使用して「FinTech協会」としていたが、もともとのFinTechがTを小文字にしてFintechへと一般名詞化すると、FinTech協会も2017年、同様に「Fintech協会」へと名称を改めたのである。もはや、金融業界におけるIT（情報技術）、スタートアップを軸にした変革の波は、業界では常識となったのである。

実は、金融業界とPropTechの関係性は非常に深い。REIT（不動産投資信託）や住宅ローンに代表されるように不動産金融と呼ばれる領域が既に存在している。不動産金融における不動産の証券化や投資、ローンといった領域における新たな取り組みは、Fintechとして台頭してきた。

海外では、住宅ローンを中心とする不動産金融領域をMortgage Tech（モーゲージテック）と呼び、スタートアップが誕生している。日本国内においても住宅ローンテックと呼ばれる領域で複数のスタートアップが登場し、大手金融機関との連携やサービス提供を通じて着実に成長を遂げている。

Fintechは主に、融資、決済、送金、投資といった金融機能をITを用いて効率化し、高付加価値なサービスや製品として事業展開を行っている。その各領域において不動産を対象とするものもFintechとして発展をし、主要ジャンルの一つとなっている。

住宅ローンの他にも不動産クラウドファンディングの領域は、日本においても上場企業が新規参入をするなど、盛り上がりを見せる領域の一つと言える。

Fintechは、米国を起点にして全世界に広がった。既存の金融機関が総合サービスを提供することに対して、Fintechスタートアップは金融機能、金融サービスをアンバンドリング（分解）することで、顧客によりマッチしたサービス、製品をつくり出し、顧客を獲得していった。日本では2015年にテレビや新聞で「フィンテック」という言葉が紹介されるとたちまち拡散し、数多くのスタートアップが誕生した。

2015年12月には、金融庁に「FinTechサポートデスク」が設置され、FinTechをはじめとしたさまざまなイノベーションに取り組む事業者などから具体的な事業や事業計画などについての相談を受け付ける支援を開始した。

金融という巨大な規制産業において、スタートアップ（起業家）、大手企業（銀行など）、省庁（金融庁）というそれぞれの立場の人々が、Fintechという共通のキーワードの下に集まり、連携できたことはFintechスタートアップの誕生や成長を後押しする大きなきっかけとなった。これは世界各地も同様で、業界の各プレーヤーが連携できるエコシステムが、規制の厳しい産業で成立したことは、同じく規制産業の不動産や建設業界を対象としたイノベーションの後押しになったと言えるだろう。

ITを活用し、エンドユーザーや利用者を起点にしてより良いサービスや製品を創出していく取り組みが推進しやすいように、業界関係者一同が連携するといったスタイルがFintechによって確立されたと言える。

エンドユーザーを起点にしたイノベーションがもたらすLaaS

海外において、PropTechが対象とする範囲、関連するキーワードは幅広い。その本質をつかむ鍵となるのは「エンドユーザー」だ。PropTechはすなわち、エンドユーザーや利用者を起点にして、不動産というリアル資産も含めたイノベーションと考えると理解しやすい。

筆者らは、それらを総称してLaaS（ラース）と呼んでいる。LaaSは、Life as a Service（ライフ・アズ・ア・サービス）、あるいはLife time as a Service（ライフタイム・アズ・ア・サービス）の略で、「エンドユーザーにとって暮らし・働くの領域で必要なサービスが必要な時に利便性高く利用できるもの」と定義している（**図1-3**）。

「暮らし」は、不動産の観点で言えば住宅領域であり、暮らしの延長にあるStay（過ごす）を含めればホテルなどの一時滞在も包含される。世界的な新型コロナウイルスの感染拡大により、ホテル事業者も月額住み放題プランの提供を開始するなど、賃貸マンション、ホテル、ウィークリーマンションの境界はますますあいまいになってきている。

一方、「働く」は、同じく不動産の観点で言えば商業不動産領域であり、オフィス、店舗、ショッピングモール、倉庫といった場所が対象となる。働くにしろビジネスを立ち上げるにしろほとんどの場合、不動産は必要であり、人々の生産や労働にとって商業不動産は不可欠なものである。

Fintechの「金融」と同様に、PropTechが対象とする「不動産」はエンドユーザーにとって、暮らしや働くの中にあるさまざまな目的を実現す

図1-3　エンドユーザーを起点にしたイノベーション「LaaS（Life as a Service、Life Time as a Service）」。この中で、PropTechは不動産を軸に、エンドユーザーの「暮らし」を向上させる不動産・金融サービスを提供する。

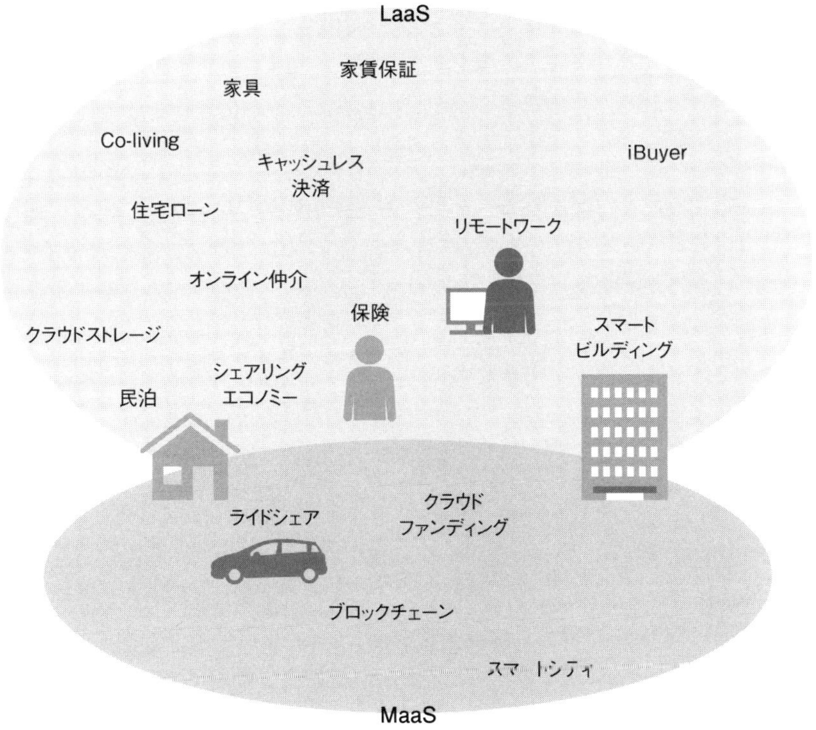

る手段、インフラである。その手段を、ユーザーの目的に応じて最適化、再定義していくことを目指すのが、PropTechでありLaaSである。

さらに、PropTechを捉える上で、コミュニティ（地域、商圏）、エコシステム（生態系）という概念も重要である。

LaaSは、エンドユーザーを起点にして、住宅、商業不動産の各領域でユーザーの利便性を向上させるあらゆる製品群、あらゆるサービス群を捉えた概念だ。これらのサービス事業者が連携している状態をエコシステムと呼び、特定の地域やエリアをコミュニティと捉える。

例えば、ゴーストキッチンとは、フードデリバーに特化したレストランのことで、来客用の座席はなく、キッチンのみの業態を指す。海外においては、ゴーストキッチンもPropTechの文脈で議論されている。すなわち、フードデリバリー事業者という新たなプレーヤーの誕生、参入が、エンドユーザーの暮らしを向上させると同時に、物件オーナーにとっては新たなニーズへの物件提供という価値をもたらしているのである。

こうしたゴーストキッチンの議論は、2019年に英国のロンドンで開催されたグローバルPropTechカンファレンス「Future PropTech 2019 London」でも登場している。「Investing in Proptech —— Insights from the worlds leading VC's（世界の著名VCから見たPropTech）」と題したセッションでは、ソフトバンクビジョンファンドや、米国の著名なPropTechベンチャーキャピタルのFifth Wallらが登壇し、注目トレンドとしてゴーストキッチンをあげていた。

ゴーストキッチンをはじめとするサービス事業者の最大の特徴は「データ」だ。データが集まることでPropertyや地域（コミュニティ）の価値を高めたり効率化したりする余力は、まだ大いに残っているという見解である。

LaaSは、エンドユーザーを起点にして、サービスレイヤーとインフラレイヤーに分けることができる。サービスレイヤーでは、ゴーストキッチンをはじめとするさまざまなプレーヤーが、住宅、商業不動産領域で新たなサービスを生み出している。

一方、インフラレイヤーでは、スマートシティやスーパーシティといった街、都市開発などの取り組みが重要であり、かつLaaSやPropTechが対象とするトレンドの一つである。

インフラレイヤーがLaaSやPropTechにおいて重要な役割を果たすアナロジーとして、先に紹介したFintechがある。実は、Fintechが世界的な一大ブームを巻き起こした背景の一つに、高度な資金決済インフラの存在があるのだ。世界各国において、送金や決済といった金融サービスはITを活用したインフラで接続されている。

例えば、読者の皆さんが家計簿アプリを利用していて、海外でクレジットカードを利用したとしよう。海外での利用履歴はきちんとデータ化され管理がされており、家計簿アプリが認識できれば海外での利用履歴でも自動で仕分けをして支出管理をしてくれる。

これは高度かつITで接続されたインフラがあるからこそ、データが集まり、データを活用した家計簿アプリやクラウド会計といった便利なソフトウエアサービスが誕生したのである。

翻って、不動産業界におけるインフラはどうであろうか。不動産の売買や賃貸借に関する各国独自の情報インフラがあるものの、そのほとんどは自国内に限られており、かつ情報の登録が不十分であったり、インフラ整備が実施されていなかったりという現状がある。ソフトウエアを中心としたサービスはデータが重要であり、インフラがサービス発展の土台となる。

LaaSやPropTechにおいてインフラは重要でありながら、その整備が課題である。逆に言えば、各国がハイパーローカルな状態であるため、世界中の企業がチャンスと考えて事業展開をしている。従って、日本にも十分チャンスがあると言える。

以上のように、LaaSはインフラ整備を含めて世界的に取り組みが開始されたばかりの状態なのである。

PropTechの発展は3ステップの歴史

PropTechはいつから始まり、これからどうなっていくのか——。まずは、PropTechの歴史を振り返ろう。

PropTech、その歴史は、「オンライン」「マーケットプレイス」「トランザクション」の大きく3ステップに整理することができる（**図1-4**）。

実は、不動産、建設分野にテクノロジーが持ち込まれたという点では、PropTechの「原点」は古い。

最初のステップである「オンライン」は、その前身として電子化、IT化が存在する。米国で1982年に設立されたAutodesk（オートデスク）は、建築などのデザインにおけるCAD（コンピュータ・エイディッド・デザイン）ソフトを開発した企業だ。それまで手書きでしていた設計作業をPC（パソコン）でできるようにした。同じく米国で1987年に設立されたCoStar（コースター）は、オフィスビルなどの商業用不動産に特化し

図1-4　PropTechの発展の歴史。大きくは、1990年代後半から2000年代前半にかけての「オンライン」、2000年代後半から2010年代前半にかけての「マーケットプレイス」、そして2010年代後半から現在にかけての「トランザクション」の3ステップに整理できる。

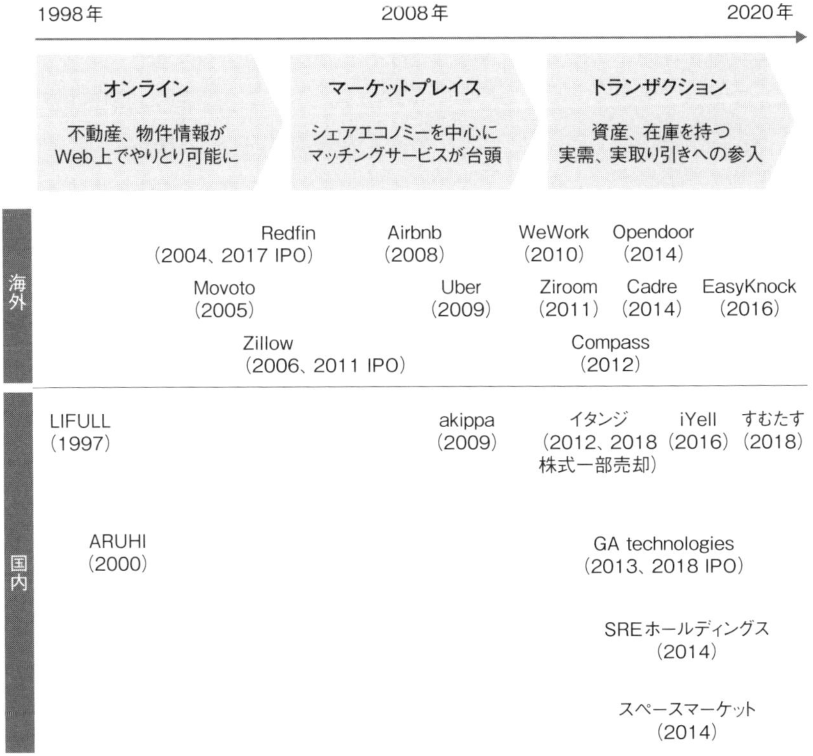

たデータベース企業である。1998年にはNASDAQ（ナスダック）に上場し、現在では米国最大の商業用不動産データベースに成長した。

インターネットの登場により、商業用不動産のみならず個人向けの住居、居住用不動産の取り引き、物件の賃貸借や売買の募集広告がオンラインで探せるようになった。それまでは、紙の雑誌やその後のフリーペーパー、店頭広告がメインだった。日本国内では1997年に設立されたLIFULL（ライフル）、海外では米国のZillow（ジロウ）といった代表的な不動産ポータル、リスティングサイトがこの時期に誕生した。

不動産ポータルサイトは、物件の募集広告を掲載したい不動産仲介会社、不動産管理会社、不動産オーナーなどから広告掲載料を受け取って物件の募集情報を掲載するという広告収入によるビジネスモデルである。米国の不動産ポータルサイト最大手のZillowは、2006年に設立。1億1000万件以上の米国の住宅不動産データが蓄積されており、不動産の購入、売却、賃貸借など不動産取り引きの情報を網羅したポータルサイトとなっている。

Zillowの最大の特徴はZestimate（ゼスティメイト）と呼ばれる物件の見積もり、評価価格の算出だ。1億1000万件を超える米国の住宅データのうち、9750万件以上はZestimateによって見積もり価格が算出されており、ユーザーは不動産価格の目安を知ることができる。不動産情報のオンライン化における代表例である。

続く2番目のステップのマーケットプレイスは、2008年前後のプラットフォームビジネス、シェアリングエコノミーの台頭である。ここで言うマーケットプレイスとは、不動産の在庫を持たずに、取り引きをマッチングすることで手数料を得る業態を指す。

例えば2008年に設立された、泊まる部屋を貸したい人と借りたい人をマッチングするプラットフォームのAirbnb（エアビーアンドビー）や2009年に設立された配車プラットフォームを提供するUber（ウーバー）はその代表例だ。どちらのビジネスも「リアルなもの」を扱うため、当初は「うまくいくはずがない」と言われていたが、今では世界的なプラットフォーム企業となり、「ITを用いてリアルな資産や人々を動かすことができる」と実証して見せた。

こうしたリアル領域におけるプラットフォームビジネスの台頭は、ベンチャーキャピタルを含む投資家からの高い評価につながり、3ステップ目の「トランザクション」へとつながる。プラットフォーム化が在庫や資産を「持たない」ビジネスであることに対して、トランザクションに関与するビジネスは文字通り、PropTech企業における在庫を「持つ」リアルな不動産取り引きビジネスへの参入を指す。言い換えれば、限りなく不動産業に近づいたと言える。

WeWork（ウィワーク）も、実際にオフィススペースを仕入れて在庫として保有し、付加価値を高めてオフィススペースの提供を行う「サブリース」型の事業モデルである。WeWorkについては、不動産ビジネスなのか、IT企業なのか、といった議論が現在でも続いており、その企業価値を疑問視する声もある。

iBuyer（アイバイヤー）と呼ばれるサービスもリアルなトランザクションモデルの代表例だ。不動産の買い取り再販をオンラインで行うこのモデルは、2014年に設立されたOpendoor（オープンドア）と呼ばれる米国の企業が代表格として挙げられる。通常、不動産を売却する場合は、査定、契約、決済などいくつもの手順と時間をかけて行う必要があるが、Opendoorをはじめとするi Buyerのサービスでは、独自のアルゴリズムを用いてオンラインで価格査定を行い、短期間で不動産の買い取りを実現する。

このビジネスモデルでは、売り手と買い手を考慮して最適な価格で不動産を買い取り、一時的に在庫を抱え、最適なタイミングで売却していく必要がある。通常であれば、こうしたリアルな取り引きに関しては、急激な成長を期待するベンチャーキャピタルは投資を避ける。しかしながら、プラットフォームビジネスの成功と、リアル取り引きという巨大かつテクノロジーにとって未知なる領域へ、今や投資資金が集まっているのである。

以上のように、不動産業界はこの15年から20年でITの活用、オンライン化が進み、かつ近年は不動産取り引きそのものに関与、参入するケースが相次いでいる。

世界各地でスタートアップコミュニティが誕生

規制産業である不動産、金融、建設といった業界におけるイノベーションやスタートアップの誕生、育成には「コミュニティ」の存在が不可欠と言える。コミュニティとは、業界全体のイノベーションに取り組む、あるいは取り組みたいと考える人々の集まりである。

特に、規制産業と呼ばれる業界は、起業家、投資家、大手企業、省庁・政府という4プレーヤーが主な登場人物となる。誰か一人でイノベーションを起こすことは難しく、利用者保護を意識しながら所属組織を超えた連携が必要となってくる。

そうした取り組みを推進するのが、スタートアップを中心としたコミュニティ活動である。筆者も、2017年から「PropTech JAPAN」というスタートアップコミュニティを運営しており、現在では1500人以上が参加する日本最大のPropTechスタートアップコミュニティに成長した。PropTech JAPANは、「日本に不動産・建設スタートアップのエコシステムを作る」をミッションにして、スタートアップ経営者を中心に活動。設立当初から、「PropTech Meetup」と呼ばれる誰でも気軽に参加できるイベントの運営を行っている。こうした草の根の活動を進めて行くことで、PropTechに興味がある人が一人でも増えて、起業や投資活動が活発化していくことが狙いだ。

この種のコミュニティは、「PropTech Africa」や「PropTech Finland」など世界中で誕生。そして、世界各地のコミュニティのオーガナイザーたちは、PropTech JAPANを含めて密に連携している。その代表格が、PropTechスタートアップコミュニティのオーガナイザーのみが参加できる「Whatsapp」というメッセンジャーグループで、日々世界中のPropTechについて意見交換するなど連携を深めている。

KPMGグループが年に1回発表しているグローバルPropTechレポート「Real Estate Innovations Overview（REIO)」の第5版となる「Real Estate Innovations Overview 2020」が2020年7月に発行された。その中には新たに「PropTech Ecosystems around the globe」のページが新設され、PropTech JAPANをはじめ世界各地のPropTechコミュニティ10組織が掲載されている。

巨額の投資マネーがPropTech領域に集まる

世界各地のコミュニティ誕生と連動し、世界のPropTech投資額は増加傾向にある。イノベーションやテクノロジーの適用余地が大きいのは各国同様であり、多くの投資家や起業家がPropTech領域のイノベーションに期待を寄せている。

PropTechへの世界の投資額は、2010年以降増加傾向にあり、2019年は年間で約272億米ドルが投資された（**図1-5**）。こうしたPropTechへの投資の増加に併せて、PropTechに特化したベンチャーキャピタルも誕生している。2016年に設立された米Fifth Wall Venturesは、100億円以上の運用資産を保有するPropTech特化型のベンチャーキャピタルで、同領域におけるスタートアップの設立や成長を支援している。

筆者も日本で初のPropTech特化型ベンチャーキャピタルを2019年に設立し運営している。こうしたPropTech特化型のベンチャーキャピタルは、世界中で設立されており、今後投資の増加とスタートアップの成長が期待される。

新型コロナウイルスの感染拡大で再注目されたPropTech

新型コロナウィルスの世界的な感染拡大は、PropTechのみならず、不動産、建設といった業界そのものに大きな打撃を与え、ビジネスモデルの変革を迫る。外出の規制や、ソーシャルディスタンスの確保の必要性から、不動産、Propertyの在り方そのものが見直しを求められているのだ。

世界的にも、PropTechのトレンドがリアル取り引き化している中で発生した新型コロナウィルスの感染拡大は、PropTechスタートアップにも大きな打撃をもたらし、事業の撤退や縮小、場合によっては解散を迫られているケースもある。

一方で、逆風の中でも事業を伸ばしているケースも見られることは興味深い。筆者らは、2020年6月に、国内のPropTechスタートアップを対象にして、新型コロナウィルスの感染拡大が事業に与えた影響についてアンケート調査を実施した。

アンケートはオンラインで実施し、42社の企業から回答を得た。アンケート結果によれば、テクノロジー、ITを活用している企業の多くは、オンライン対応を積極的に進めた結果、「事業への影響が限定的」、あるい

図1-5　PropTechに関する資金調達の動向。2015年から2019年にかけて右肩上がりに増加し、2019年には資金調達は272億米ドルに達した。(Venture Scannerの「the Real Estate Technology Annual Review」を基に本書作成)

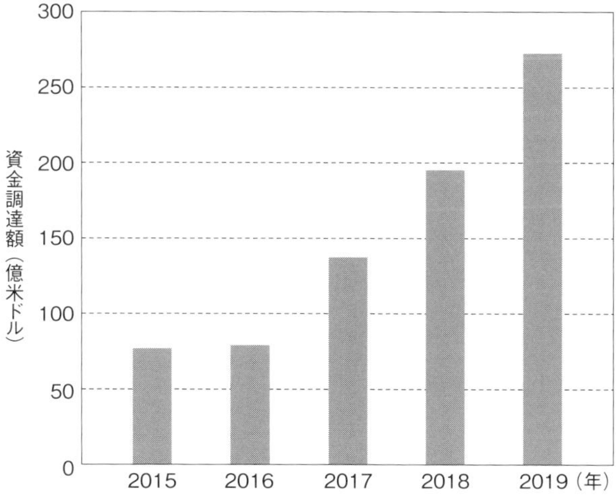

は「事業が拡大している」という興味深い結果が得られた。

2020年4月の売り上げが、前年同月を100とするとどの程度だったか、という質問に対しては、22.2%が「150以上（大幅増収）」、13.9%が「100以上（増収）」と回答。33.3%は「変わらず」と答えており、多くの企業が事業を拡大しているという結果が得られた。

顧客との商談件数や、成約件数についても、リモートワークやオンライン対応を実施することでコロナ前と比較して増加している企業が多く、テクノロジー活用を進めていた企業においては新型コロナウィルスの影響が軽微であったという結果が出ている。

さらに、海外では起業家やコミュニティ間でのやりとりが従来からオンラインだったこともあり、より一層交流が盛んになり、国や地域といった枠を超えた連携が増加している。新型コロナウィルスの感染拡大はピンチであった一方で、従来からテクノロジー投資、テクノロジー活用を前提にした組織体制やオペレーションを構築してきた企業、オンラインでコミュニケーションを取ってきた組織にとっては、その土台、下地を基にしてピンチをチャンスに変える機会となっている。

そして、PropTechの本質である「エンドユーザーを起点にした再定義」が一層検討されるようになり、大手不動産会社、建設会社といった企業のテクノロジー活用も急速に進みつつある。不動産業というビジネスモデル、不動産という価値の再考を強制的に迫られた結果、皮肉にも業界内におけるテクノロジーの活用や、中長期的な投資といった施策が前進するきっかけとなっているのだ。

コラム
キーパーソンに聞く

異分野とのコラボでイノベーションを

国土交通省 不動産・建設経済局長 **青木 由行氏**

Q

不動産、建設分野のDX（デジタルトランスフォーメーション）やイノベーションに対して、国土交通省としての取り組みの内容とその背景を教えてください。

A

不動産分野では、スマートフォン（スマホ）やタブレットの普及に伴い、賃貸取り引きでの重要事項説明をオンラインで実施したいというニーズがいち早く高まりました。そこで国土交通省では社会実験を経て、2017年からオンライン説明を可能としました。

売買取り引きについても、新型コロナウイルス感染症の拡大によりオンラインニーズが急速に高まったため、社会実験を経て近々解禁するべく準備をしています。併せて、重要事項説明時や契約締結時の書面交付に関しては、電磁的方法による交付が可能となるように、国会に法案を提出しているところです。

一方、建設分野では、今後の生産年齢人口の減少に対処するため、数年前から生産性を高める取り組みを推進してきました。ICT（情報通信技術）施工をはじめとする、いわゆる「i-Construction」です。

さらに、コロナ禍における非接触・リモート化ニーズの高まりなどの社会経済状況の変化を踏まえ、建設分野を含めたインフラ分野全体のDXを推進するために、2020年7月には省内に「DX推進本部」を設置。具体的なアクションの検討・実践を開始しました。

Q

現在は、どのような課題認識を持って取り組みを推進されているのでしょうか。

A

やや個人的な見解も入りますが、不動産、建設の両分野について言えば、ともにデジタル化に関しては他分野に比べて後れを取ってきました。しかし逆に言えば、それだからこそ、コロナ禍などが契機になって風景が一変する可能性がありますし、後れていた分伸びしろも大きいだろうと期待しています。

デジタル化などの新技術の活用に当たって、ポイントが二つあります。一つは、技術オリエンテッドではなく、ニーズオリエンテッドであること。もう一つは、部分最適ではなく、全体最適であること。この二つが、DXの推進においては大切であると常々考えています。

不動産分野では、不動産IDのルールメイキングが一つのカギ

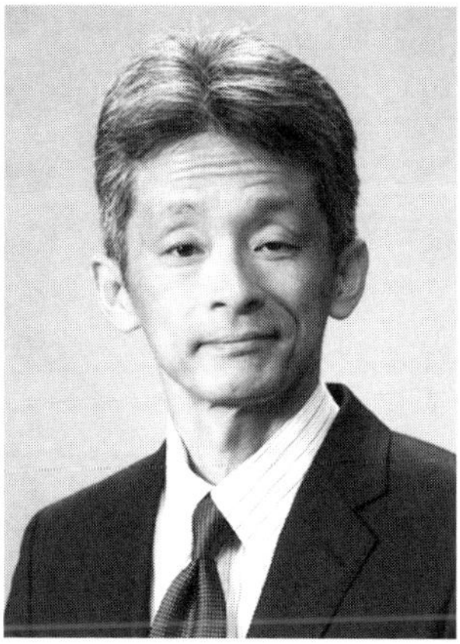

青木由行（あおき　よしゆき）1962年山口県生まれ。1986年3月東京大学法学部卒業、同年4月建設省入省。国土交通省大臣官房付（兼）復興庁統括官付参事官、国土交通省土地・建設産業局建設産業課長、総合政策局政策課長、道路局次長、大臣官房建設流通政策審議官、都市局長、土地・建設産業局長などを経て、2020年7月不動産・建設経済局長に。現在に至る。

になるのではないかと思っています。そして、一部の業務にとどまらずに全体の業務のデジタル化を図ること、不動産業者だけではなく、一般消費者やさまざまな関係業者との関係をトータルに対応していくことが大切となるでしょう。その意味でも、個人情報の取り扱いはDX推進の重要なポイントになると考えています。

一方、建設分野では、大手企業の大型工事だけではなく、地域の中小事業者の工事や維持・修繕などの小さな工事にもすそ野を広げていくことが課題です。BIM（ビルディング・インフォメーション・モデリング）／CIM（コンストラクション・インフォメーション・モデリング／マネージメント）などのデジタル技術も、設計、施工だけではなく、川上の企画、川下の利活用、維持・管理まで活用領域を広げていくことが重要になるでしょう。

いずれにせよ、現在十分活用されていない多くのデータの利活用に「宝」が埋まっているように感じています。

Q

今後の各業界におけるイノベーションを見据え、建設会社や不動産会社、スタートアップなど、各プレーヤーに期待することを教えてください。

A

私は、異分野の技術との組み合わせがイノベーションを生み出すと考えています。従いましてぜひ、他分野に対して大いに興味を持ち、大いにアプローチしていただきたい。その結果、建設・不動産分野と他分野とのコラボレーションでDXエコシステムを創っていただければと思います。

我々行政に関しては、発注者をはじめ、ルールメイカーや行政手続執行者、議論の場づくりをする者など、さまざまな顔を持ちますが、皆さまと同じプレーヤーの一人であることに変わりはありません。いろいろな場で皆さんと良いコミュニケーションを持ちながら、一緒にフロンティアを切り拓いていきたいと考えています。

第2章

PropTechのサービス

PropTechは「アンバンドリング」と「ワンストップ化」

前章でPropTechの概要を理解してもらったところで、PropTech、不動産テックと聞いてどんな企業、どんなサービスを頭に思い浮かべるだろうか。

ぱっと思い付きそうなのは、分厚いゴーグルを覗き込むVR（仮想現実）内見だ。

例えば転勤に伴い、引っ越しをする。マンションの一部屋を借りることになる。物件はたくさんある。あれもいい、これもいい。ただ間取り図だけでは、住戸内の様子はよく分からない。どんな住戸か、やはり実物をひと目は見ておきたい。

しかし、候補はいくつもある。全ての物件を回っていては、時間も労力もかかる。物件探しに動けるのは、週末だけ。限られた時間は有効に使いたい。住戸内の様子を、間取り図と同じように手軽に確認できれば効率的なのに…。

新居を探すそんな顧客にもってこいのシステムが、VR内見だ。分厚いゴーグルやアプリを使うと、室内の様子を３次元（3D）ビューアーで眺め渡すことができる。見てみたい方向にゴーグルやスマホを動かせば、視界も同じ方向に移動する。

ただこのサービスは、数あるPropTechの中ではほんの一例にすぎない。PropTechとして提供されているサービスには、さまざまなバリエーションがある。

PropTechのサービスでキーワードとなるのは、「アンバンドリング（分離、分解)」と「ワンストップ」である。IT（情報技術）をはじめとするテクノロジーを不動産、建設、金融の領域に持ち込むことによって、エンドユーザーの利便性向上、付加価値向上を目指すことが大前提だ。その上で、①不動産の業務やサービスを「アンバンドリング」して領域を特化して効率化・改善を目指す、②一気通貫の「ワンストップ」で提供してサービス全体のUI（ユーザーインターフェース)／UX（ユーザーエクスペリエンス）を再定義する、といったアプローチがある。

本章では、「一般の利用者としての目線」「不動産会社や金融機関などサービスを選定・活用する事業者の目線」「新規事業を企画あるいは起業するビジネスパーソンの目線」というそれぞれの視点から見た際に参考になるように全体を整理しながら、PropTech企業がどのようなビジネスモデルの下でサービスの提供を成り立たせようとしているのかを説明していきたい。

ユーザー定義が難しい不動産業界の構造

PropTechの事例を見ていく前に、不動産業界の構造について簡単に把握しておこう。不動産業界の構造を理解する際の特徴として「ユーザーの定義が難しい」という点が挙げられる。

まず、一つ目に、不動産業界は関与するプレーヤー、ステークホルダー（利害関係者）の登場人物が多い。不動産という動かすことができず唯一無二の資産に対して、その取り引きを行う際には、消費者、ゼネコン、ハウスメーカー、デベロッパー、不動産仲介会社、不動産管理会社、銀行など、多様なプレーヤーが関与する。一つの不動産を対象とした際も、売りたい人、買いたい人がいて、「誰向けに」サービスを提供するべきなのか、しているのかを理解する必要がある。

厳密に言えば、「顧客」と「ユーザー」は異なる。顧客は自社に利益をもたらす人で、ユーザーは直接の売り上げはもたらさないもののサービスや製品に必要な人だ。例えば、世界最大のSNSであるFacebookの場合、「顧客」はFacebook上に広告を出稿する企業や個人であり、「ユーザー」は日々無料でFacebookのサービスを利用する筆者ら個人である。PropTechにおいては、多数の取り引き関係者が登場する中で、誰が顧客で、誰がユーザーなのか、を定義する必要がある。

二つ目は、「不動産会社」の定義と現状だ。一言に不動産会社といっても、業態だけでも不動産デベロッパー（開発）、不動産仲介会社（賃貸、売買）、不動産管理会社と複数に分かれる。

さらに、企業規模にも大きな違いがある。同じ「不動産会社」でも、三菱地所のような超大手企業から、従業者が数人規模のまちの不動産会社までさまざま。不動産業における法人数は全国に32万9000社（2017年度）あり、増加傾向を続けている〔**図2-1（a）**〕。そのうち、従業者10人未満の事業所は、全体の実に約95％（2016年）を占める〔**図2-1（b）**〕。加えて、社長の平均年齢は業種別で最も高い61.7歳（2019年）と、高齢化も課題となっている〔**図2-1（c）**〕。

これらのことは、ブームとなったFintechとは大きく異なる点だ。Fintechの場合、「銀行」を対象とした際には中小・零細企業は存在しておらず、全てが一定の規模にある。実際、「銀行」と聞いて、皆さんが思い浮かべる会社の規模感などに大きな差は生まれない。PropTechの場合にはとりわけ、ビジネスモデルを分析したり事業として立ち上げたりする際に、誰に対して提供するのか、と言う点を十分に考える必要がある。

図2-1（a）　不動産業の法人数の推移。年々増え続けており、2017年度には32万9000社に上る。（国土交通省の資料「不動産業ビジョン2030 参考資料集」を基に本書作成）

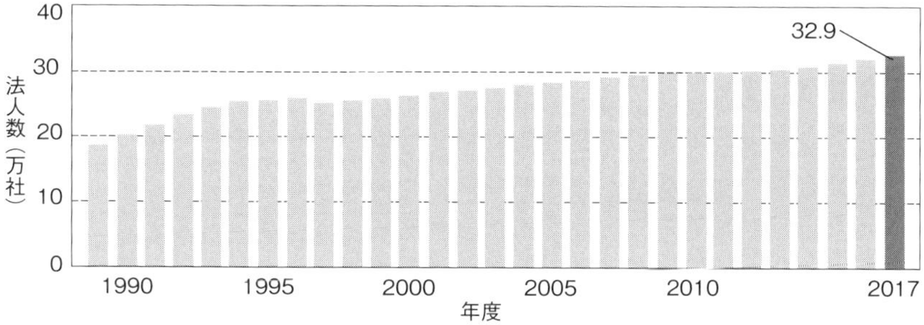

図2-1（b）　不動産業における従業者規模別の事業所数割合（2016年）。10人未満の事業所が実に95.5％を占める。（国土交通省の資料「不動産業ビジョン2030 参考資料集」を基に本書作成）

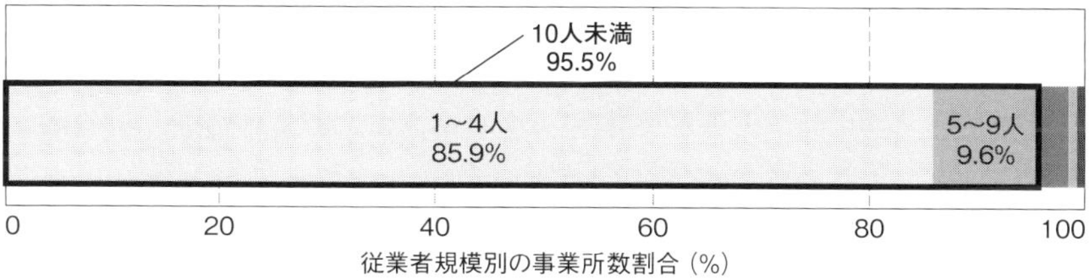

図2-1（c）　業種別に見た、社長の年代構成比（2019年）。不動産業は平均61.7歳と最も高い。（国土交通省の資料「不動産業ビジョン2030 参考資料集」を基に本書作成）

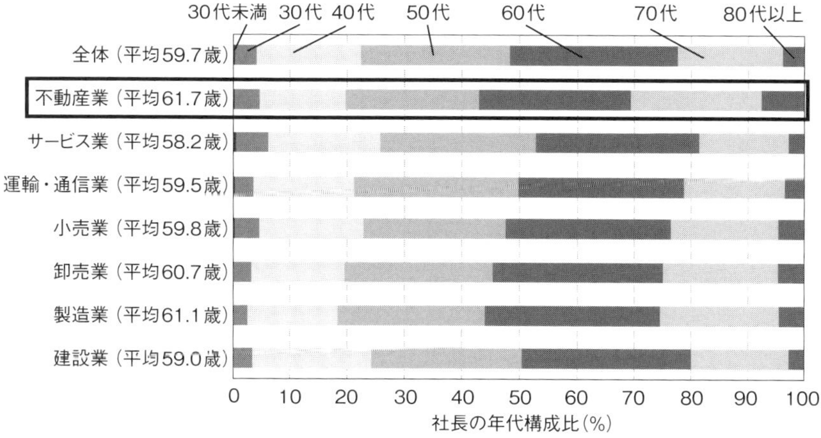

43兆円の巨大市場、不動産業界の現状と分類

不動産業界の市場規模は43兆円と巨大だ〔**図2-2（a）**〕。マクロ経済や市況の動向の影響を大きく受ける。土地取り引き件数を見ると、2008年のリーマンショックから回復傾向にあるものの、まだそれ以前の水準には戻っていない〔**図2-2（b）**〕。

先に挙げたように、不動産業においては中小事業者の割合が高く、経営者の高齢化も進んでいる。さらに、全国の少子高齢化に伴い、空き家の増加が問題となっている。空き家の総数は、1998年の576万戸から2018年の846万戸と、この20年間で1.5倍近く増加した（**図2-3**）。

今後も、空き家が増加すると予想されるが、日本には「新築信仰」が強くあるため、欧米諸国と比較すると、住宅流通に占める中古取り引きの割合が低い。ところが首都圏に関しては、中古のマンション取り引きが新築発売戸数を上回り始めており、大きな転換点を迎えている。

こうした中で主役となる不動産事業者の形態を見ていこう。まず、不動産事業者が扱う不動産は、土地と建物に分類される。その不動産を扱う事業者は大きく5つに分類することができる。

1）不動産開発・分譲
　土地を仕入れて住宅、オフィスなどを開発、分譲する事業

2）不動産流通業
　不動産の売買、賃貸の仲介（媒介、代理など）を行う事業

3）不動産賃貸業
　住宅、オフィスなどの不動産賃貸を行う事業

図2-2（a）　不動産業の市場規模（売り上げ高）の推移。2017年度で43兆円と巨大。（国土交通省の資料「不動産業ビジョン2030 参考資料集」を基に本書作成）

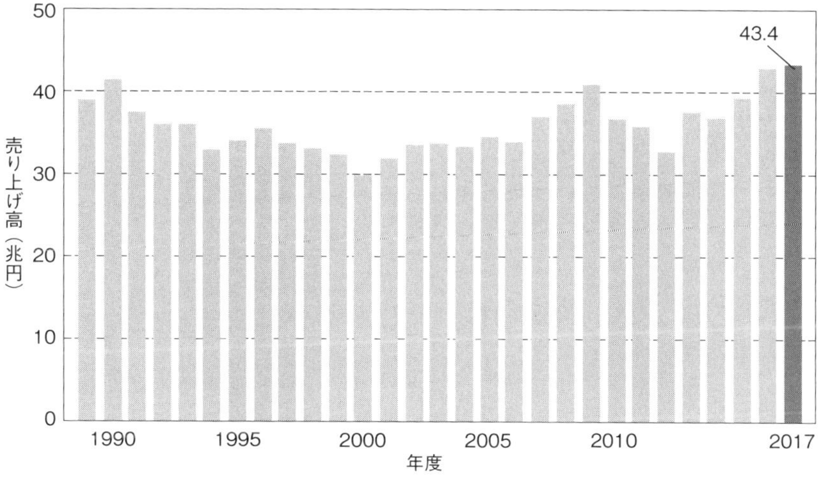

図2-2（b）　土地取り引き件数の推移。2008年のリーマンショックから回復傾向にはあるが、それ以前の水準には戻っていない。（国土交通省の資料「不動産業ビジョン2030 参考資料集」を基に本書作成）

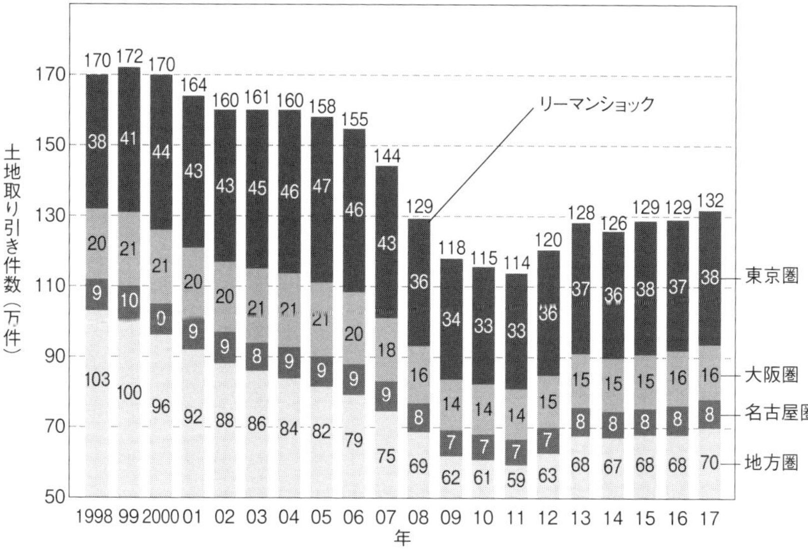

図2-3　空き家数の推移。年々増加しており、2018年には846万戸に達している。(国土交通省の資料「空き家対策について」を基に本書作成)

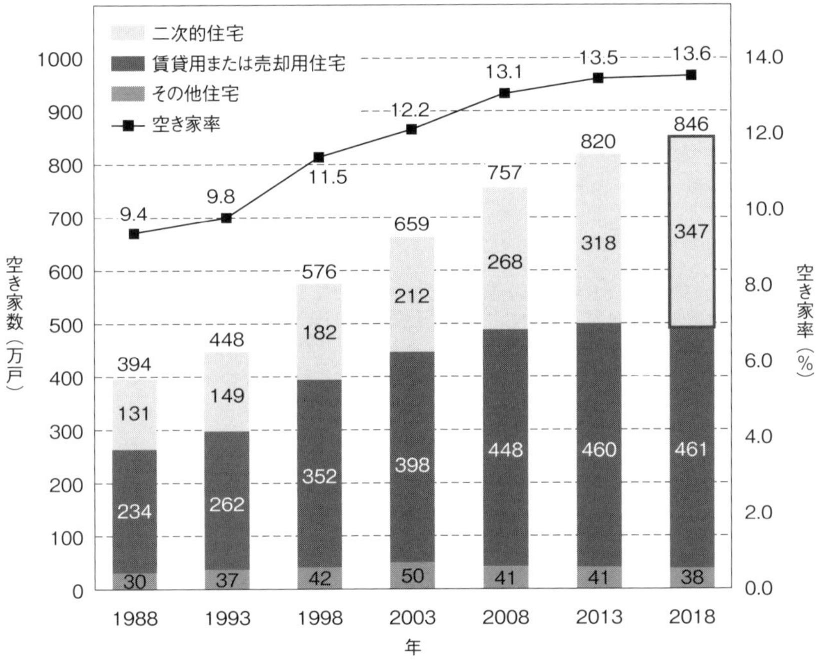

4）不動産管理業

不動産の所有者（大家さん）に代わり住宅、オフィスなどの管理を行う事業

5）不動産投資業

J-REIT（不動産投資信託）等のファンドを組成するなどし不動産に投資を行う事業

PropTechには、これらのプレーヤーに取って代わる事業者もいれば、これらの業務を細かく特定して効率化するサービスやツールを提供する事業者などがいる。

ここで分類した5つの業態は、ユーザーの価値観や消費行動の変化の影響も大きく受けながら、法律や規制などのルール変更も含めて日々変化している。以下では、それぞれの業態について見ていこう。

不動産開発・分譲：小規模ビルのニーズが増加

1）の不動産開発・分譲事業では、リーマンショックの影響を受けて分譲住宅の着工件数が大きく下落したが、戸建住宅はリーマンショック前の水準並みに回復している。オフィスやショッピングモールなどの商業不動産は、都心オフィスビルの空室率がリーマンショック後から回復傾向にあり、低い水準で推移している。

東京23区を見ると、延床面積5000坪以下の中小規模ビルは、バブル期に竣工した物件が多く、築20年以上が床面積の82%を占める。これに対し延床面積5000坪以上の大規模ビルでは、バブル期以降も供給が続いており、築20年以上と築20年未満がほぼ同面積となっている。

イノベーションやインキュベーションの施設など事業の多様化が進んでいる上、新型コロナウイルスの感染拡大によるリモートワークの普及や、職住の近接化なども踏まえ、小規模ビルのリノベーションが今後も予想される。多くの企業が本社機能を縮小する中で、オフィスの分散化が進み、小規模ビルのコワーキングスペースやサテライト拠点としてのニーズも増加するだろう。

こうした中、オフィスや店舗の空きスペースを簡単にリモート拠点化できるPropTechなども登場している。

不動産流通業：情報インフラの整備は官民が連携して取り組め

2）不動産流通業においては、事業者に占める中小事業者の比率が高く、高齢化も進んでいる。業務の多くが電話やFAXを前提とした業務フローで、業務効率化や生産性の向上が急務と言える。そこで、こうした事業者向けの業務効率化サービスが国内外で多く誕生しており、これまでのPropTechや不動産テック分野における代表的な領域の一つとなっている。

不動産流通業では売買、賃貸ともに、取り引きにおける「不動産情報」のデータが重要となる。

その不動産情報基盤の整備については、国が運営するレインズ（Real Estate Information Network System、REINS）と呼ばれる業者間データベースが存在する。1990年から開始された指定流通機構制度により、全国4つのエリア（東日本、中部圏、近畿圏、西日本）ごとにオンラインで不動産情報をやり取りするためのオンライン流通機構を、国土交通大臣が指定している。

宅地建物取引業者は、物件の売却依頼を受けると、レインズに不動産情報を登録して買主を探す（**図2-4**）。不動産仲介の3つの媒介契約「専属選任」「専任」「一般」のうち、一般を除き、専属専任媒介契約の場合は「締結から5日以内」、専任媒介契約の場合には「7日以内」にレインズに物件情報を登録しなければならない決まりがある（**表2-1**）。

レインズでは毎年10万件以上の売買が成立しているが、一般の利用者はアクセスして見ることはできない。そこで一般消費者向けには、別途「不動産取引情報提供サイト（REINS Market Information、RMI）」を公開し、取り引き情報を提供している。このサイトでは、レインズが保有する、実際に売買が行われた物件の価格（成約価格）などの取り引き情報を公開し検索できるようにしている。

不動産情報の取り扱いについてはいくつかの課題がある。まず挙げられるのが、一部の業者による不動産情報の囲い込みによる両手仲介取引だ。不動産売買の仲介手数料は、「成約価格×上限3％＋6万円」となっている。顧客から物件の売却依頼を受けた際、自身で買い手も見つけてくれば買い手サイドからも同様に手数料を得られることになる。つまり、仲介手数料の合計は、「成約価格×6％＋12万円」となる。これが、いわゆる、両手仲介だ。

仲介会社は上述した通り、売却依頼を受けた場合にはレインズへの登録義務がある。ところが、両手仲介をしたいがために、不動産情報を登録しなかったり、登録していても買い手側の仲介会社からの問い合わせに対応しなかったりといったことで囲い込みを行うケースがある。もちろん、レインズはそうした行為を禁止しているが、なくならないのが現状である。

そうすることによって、利用者間の利益相反になるだけではく、正しい情報が登録されないという課題もある。こうした事業者は一部であり、多

図2-4　レインズを介した物件の取り引きの流れ。宅建業が物件の売却依頼を受けると、全国に4拠点あるレインズを介して取り引きを行う。（全日本不動産協会の資料「指定流通機構を通じた取引の流れ」を基に本書作成）

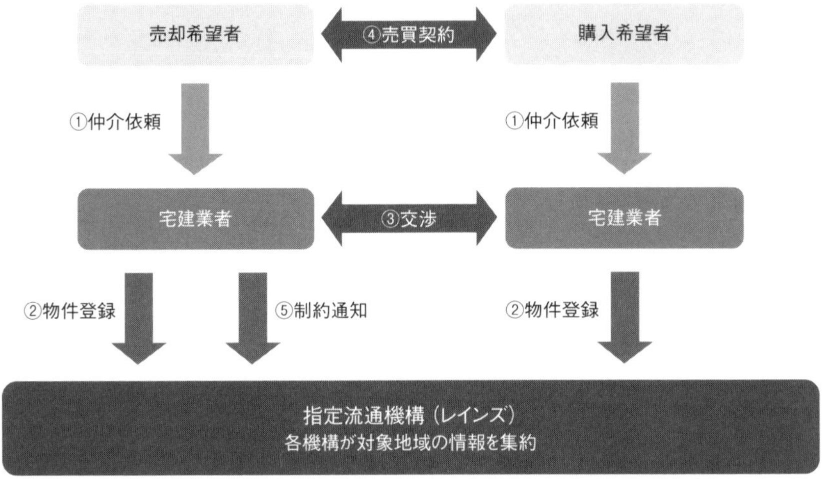

表2-1　不動産仲介の3つの媒介契約。レインズへの登録は、専属専任媒介契約で「締結から５日以内」、専任媒介契約では「７日以内」に行う。（全日本不動産協会の資料「媒介契約の種類と特徴」を基に本書作成）

	①一般媒介契約	専任媒介契約	
		②（専属専任以外の）専任媒介契約	③専属専任媒介契約
他社への重ねての仲介依頼	○（明示型では、他社に重ねて依頼した場合は通知義務あり）	×	
契約の有効期限	法律上の制限はない（ただし、標準媒介契約約款では３カ月以内）	３カ月以内	
自ら探索した相手方との直接契約	○	○	×
指定流通機構への登録	法律上の義務はない（任意での登録は可能）	媒介契約締結の日から７日以内	媒介契約締結の日から５日以内
業務処理状況の報告義務	法律上の義務はない	２週間に１回以上	１週間に１回以上

くの事業者は健全な運営をしているものの、このような事業者が存在することによる不動産業全体に対する悪影響も避けられない。

さらに、レインズへの不動産情報の登録は、必須の登録項目が少なく、管理履歴の蓄積なども現状ではできていない。不動産取り引きがオンラインとなり、中古流通の活性化も目指していく中で、正しい情報が正しいタイミングで入手できるようにすることが最大の課題と言える。

一方、米国ではMLS（Multiple Listing Service）と呼ばれるデータベースがあり、地域情報や法務局との連携なども含めて日本とは比較にならないほどの情報量が蓄積されている。米国と日本のPropTechを比較した際の課題として、この情報インフラの精度を指摘する関係者も少なくない。MLSは、各地の不動産業者を会員に持ち、物件情報システム（Listing System）による地域の不動産情報の共有を中心に、さまざまなサービスを提供している会員制組織だ。各地の事業者の協力の下、地道にデータの収集、整備を行ってきた。その推進力の一つに、日本との慣習の違いがある。

米国では、売り主あるいは買い主と仲介契約を締結するのはエージェントで、独立したプレーヤーとしてブローカーと契約して活動する。そのブローカーはオフィスの提供をはじめ、取り引きや契約をサポートする。つまり、エージェントとブローカーの明確な分業体制により、プロフェッショナル化が進み、エージェントは顧客のためにMLSの活用を含めて取り引きの満足度向上に努めているのである。

不動産情報を巡る問題は、不動産業界およびPropTechにとっても重要な課題の一つである。

Fintechがここまで世界的なトレンドになった要因の一つに、「インフラ」の存在がある。銀行を含む業界は、「レガシーな業界」という評価がある。しかし、レガシーの意味するところは、銀行の文化や組織風土など。その一方で、送金や決済インフラを含む技術投資に関しては、実は、以前から高度かつ大規模に実施されてきた。私たちは、海外でクレジットカードを使えるし、海外でショッピングに利用したカード履歴をきちんと日本側で確認することができる。日本の銀行から海外の銀行に送金、決済することも滞りなく実施でき、当然のことながら、それらはデータ化されている。

証券市場も高速、リアルタイムな情報連携をしており、潤沢なデータが日々生み出され管理されている。こうした情報インフラが存在し、データがあったからこそ、家計簿アプリやクラウド会計サービスといった、データを活用したSaaS（ソフトウエア・アズ・ア・サービス）企業が誕生し、新たな付加価値を業界に生み出したのである。

しかしこうした情報インフラについては、各国間のインフラは当然存在しないし、国内の情報インフラの整備状況も国によって進捗がバラバラである。実際に不動産は存在し、取り引きしたり管理したりした事実はあるものの、それらがデータ化されていない。情報インフラの整備は、いわば日本のみならず世界全体の課題として捉えらえる。そこで、こうした情報インフラを民間主導での構築を目指すスタートアップも各国で誕生している。

筆者も、一般社団法人不動産情報共有推進協議会という組織の立ち上げに関与した。これは、民間主導による中立な不動産情報プラットフォームの構築を目指す取り組み。全国4000万件以上の不動産に「不動産ID」の識別子を付与し、そのIDで一元管理しながら物件の取り引きや管理に関する情報を地道に蓄積していくプロジェクトである。こうした情報インフラの整備は、官民が連携して取り組むべきテーマの一つと言える。

不動産賃貸業：今後はますます多様化

3）不動産賃貸業は、ユーザーの価値観の変化の影響を大きく受け、今後ますます多様化していくことが予想される。シェアリングエコノミーのサービスも多数登場したことで、「場所を貸す」際の相手や貸し方の多様化を後押ししている。

住宅に関しては、所有から利用へのシフトが徐々に進み始めて、複数拠点を行き来する多拠点生活といったライフスタイルも登場している。

賃貸オフィスについても、フードデリバリーに特化したスペースや美容室向けシェアサロンといった特化型スペースが誕生するなど一層多様化している。むしろ、従来から顧客のニーズは存在していた。しかし、フレキシブルな不動産活用ができておらず、それが新型コロナウイルスの感染拡大もあり、不動産賃貸事業者側の変化をもたらす形となったと言える。

不動産賃貸事業者としては、貸し出す不動産の利益と魅力を最大化するためにも、利用者のニーズを的確に捉えられる企画や、IT事業者との連携がますます重要になると考えられる。

不動産管理業：課題残すサブリース

4）不動産管理業は、建物のハード管理と、入居者対応などのソフト管理に大きく分類される。いずれにせよ、不動産管理業はオーナーから物件を預かり、不動産の価値を最大化するのが目的だ。しかし、実のところは「なんでも屋」状態で、労働集約的な業務に陥ってしまい、業務効率が著しく低くなっているケースもある。こうした中、「本来不動産管理業としてやるべきことは何か」という本質的な問いに向き合い始める事業者も出てきており、業務効率化のサービスをはじめ変化が多い領域である。

2011年、賃貸住宅管理業者登録制度を創設。賃貸住宅管理業の登録事業者数は4287者、管理戸数は約749万戸（2018年、国土交通省）となっている。

近年は、賃貸住宅管理業者が貸主（大家）に一定の賃料収入を保証して物件を借り上げ、転貸するサブリースのケースがある。ところが、保証したはずの家賃が減額されたり、支払われなかったりといったトラブルが多発し、国も対策に乗り出した。

2020年12月、国土交通省は、「賃貸住宅の管理業務等の適正化に関する法律」のうち、サブリースに関連する規制を先行して施行（通称：サブリース新法）。サブリースに関する不当な勧誘や誇大広告の禁止、契約前の賃料減額などのリスク説明を義務付けた。新法では契約前の入り口部分が規制された形になるが、もう一つの問題として、途中で解約ができない「出口」の規制対応がある。サブリースの解約については、消費者庁も注意喚起を行っている。

サブリース会社は、借地借家法上の借主に該当する。借地借家法では、貸主から借主を簡単に契約解除することはできない。契約を解除するには、正当事由と立ち退き料が必要となる。

これは、2003年のサブリース契約をめぐる最高裁判決がハードルとなっている。このとき最高裁判所が「サブリース業者は借地借家法で保護される」としたことで、正当事由のない解約ができなくなったのである。このハードルをクリアするには借地借家法の改正が必要で、まだ相当時間が掛かってしまうだろう。

海外では、PropTechによる、サブリース型のオンライン賃貸サービスなどが急拡大しているが、こうした問題点を残した規制がある限り、大手企業を含めて参入の判断は難しい。現状としてトラブルが多く発生している事実もあり、早急な対応が求められる。

不動産投資業：手法の多様化が進む

不動産事業者の最後の分類、5）不動産投資業の領域では、2000年のJ-REIT市場のスタートを含めて不動産証券化市場が拡大している。不動産に直接投資する、文字通り「直接投資」に加えて、証券化市場が拡大することで投資の裾野が広がり、不動産市場への資金流入を後押ししているのだ（**図2-5**）。

近年では、不動産クラウドファンディングという新たな領域が出現し、日本国内でもスタートアップが複数誕生するなど、不動産投資手法の多様化が一層進んでいる。

不動産特定共同事業法改正により、出資者の出資金額が100万円、出資総額が1億円という範囲で不動産特定共同事業を行なう場合は、許可ではなく登録という規制緩和が実施された。投資家保護を優先にしつつ、全国で増加する空き家の活用を含めた不動産流通を後押しする一つとして、不動産クラウドファンディングに期待が寄せられている。

不動産業を細かく見ていくと、複数の規制や慣習が絡み合っている。PropTechと言っても、テクノロジーが占める割合が決して高いわけではなく、ユーザー・顧客の変化、ルール・規制の変化、テクノロジーの変化といった複数の要素がうまく重なったときにPropTechサービスは成長する。

図2-5　J-REIT全体の投資。時価総額と上場銘柄数の推移を見た。投資は着実に拡大している。(J-REITのホームページ資料「J-REIT時価総額・上場銘柄数の推移」を基に本書作成)

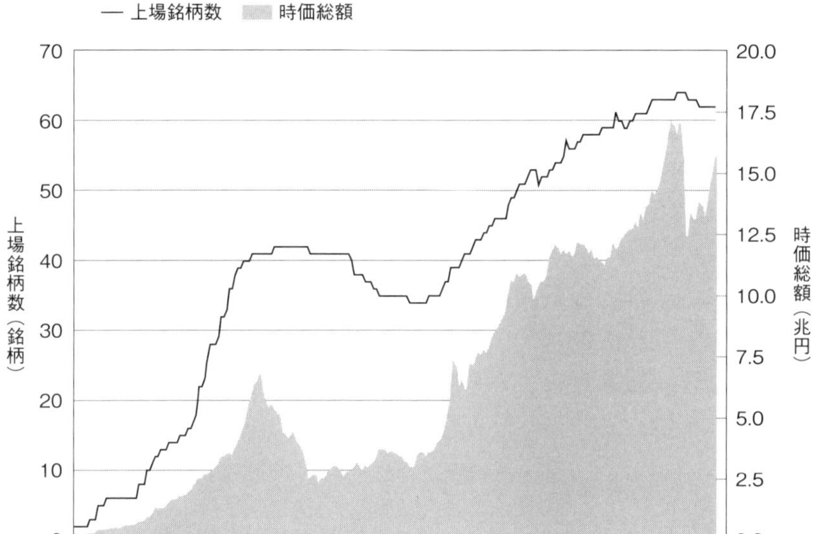

PropTechは「プレーヤー型」と「サポーター型」の2類型

PropTechの製品やサービスは何か——。大きく分けて2通りに分類することができる。

一つは、スタートアップ自らがITを活用し、エンドユーザーである個人や法人向けに不動産関連サービスを提供する「プレーヤー型」だ。垂直統合、ワンストップでデジタル化された事業展開が特徴である。典型例の一つには、世界150都市840拠点以上でフレキシブルオフィスを展開するWe Workがある。業態としては、オフィス床を賃借し個人・法人向けにサブリースする不動産会社で、自社をデジタル企業と位置付けている。

もう一つは、不動産事業者向けにITツールを提供する「サポーター型」だ。不動産事業者などを対象に、業務の効率化をサポートする製品やサービスを提供する。

2012年に米国で設立されたVTSは、不動産オーナー、管理者向けの不動産管理クラウドサービスを38カ国で展開している。同サービスを利用すれば、管理レポートの発行や入居者募集のためのリスティングなどを簡単に行える。さらに、これらの取り引きデータは匿名化され、世界中の商業用不動産の取り引きで動向データを活用することができる。

自らデジタルを活用した不動産、建設事業者になるプレーヤー型の場合でも、不動産、建設事業者のデジタル化をサポートするサポーター型に回る場合でも、共通した背景には、業界に対するテクノロジーの活用余地の大きさが挙げられる。

図2-6は、総務省の調査研究による集計データを基に、2011年時点での業種別のICT投入額を比較したものだ。グラフから明らかなように、「不

図2-6　2011年の業種別ICT投入額。不動産業界は、業界全体としてIT投資や電子化の進捗が遅れており、DXによる効率化、事業変革の潜在需要が期待できる。（総務省「IoT時代におけるICT経済の諸課題に関する調査研究」（平成29年）における集計データを基に本書作成）

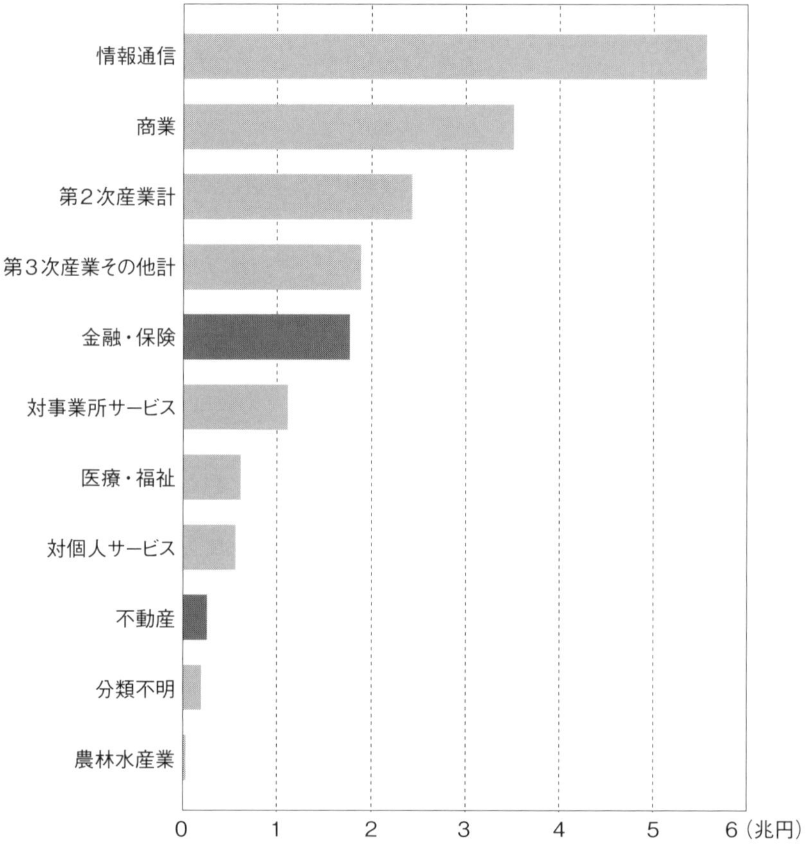

動産」は極めて少なく、サービス業の中では同様に少ない「医療・福祉」と比べても、その半分にも満たない。逆に言えば、IT活用で価値向上を図るべき領域が不動産事業者の側に広がっていたのである。PropTech企業は、そこにまず目を向けた。

プレーヤー型は、利用者が不動産を「買う」「売る」「借りる」といった目的に合わせてサービス提供を行う。世界のトレンドは、米国のスタートアップを中心に、プレーヤー型が主流だ。ただし、不動産を在庫として持つことで多額の資金が必要となる。そこで米国では、株式のみならず、融資も活用して数100億円から数1000億円の資金調達を実施する例も出てきている。

このように、プレーヤー型の最大の課題は資金調達力である。このため、現状では米国と中国の企業しか実現することが難しく、国としての資本市場の厚みの差が顕著に出ている分野の一つと言える（**図2-7**）。

しかし、日本においても、プレーヤー型の成長の足音はすぐそこまで来ている。2020年に米国で上場した、オンラインによる不動産買い取り再販を展開するOpendoorは、2014年の設立ながら、時価総額約1.5兆円、売り上げ2500億円規模に成長している。これは日本の不動産業で言えば、三菱地所、三井不動産、住友不動産に次ぐ4番目の時価総額である。2014年に設立された買い取り再販のみを行う会社が、あっという間に日本国内でトップ3に迫る規模に成長しているのだ。

私たち日本国民は気が付くといつの間にか米国のサービスに囲まれていた。Appleに、Amazon.com、Facebook、Twitter、Slack、Netflix…。ハードのApple製品を中心にして、日常の遊びも、仕事も、あらゆる接点を米国企業が作り出している。同様に、PropTechのプレーヤー型の取り組みにも危機感を抱いてしまう。

図2-7　ベンチャーキャピタル（VC）投資の対GDP比。日本では、中長期でリスクをとる直接金融の資金が不足しており、とりわけ技術系のシードマネーが足りないとされる。（内閣官房日本経済再生総合事務局の資料「『ベンチャー・チャレンジ2020』にかかる政府関係機関コンソーシアム及びアドバイザリーボード（第1回）事務局説明資料」を基に本書作成）

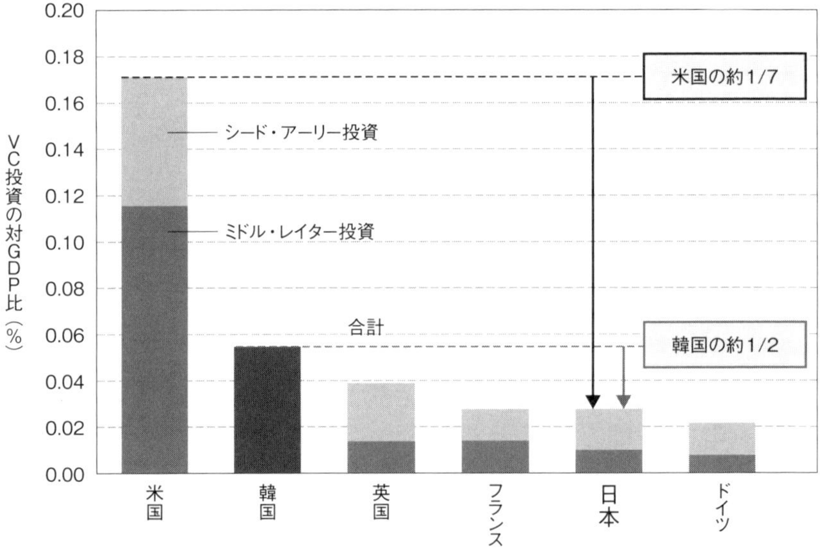

2020年、テスラの時価総額が約20兆円となり、トヨタ自動車を抜いたとして大きな話題になった。とはいえ、テスラは、販売台数や売り上げではトヨタに遠く及ばない。しかしながら世界はテスラを評価し、それが株価に反映されている。いよいよリアルなサービスに米国企業の足音が迫っており、このまま行けば、私たちが普段暮らす住宅やオフィスビルも、その接点は米国企業が担う日が来てもおかしくない。

一方、サポーター型は、不動産業の開発、分譲、仲介、管理といったそれぞれの業務に特化した効率化ツールを提供している。不動産業者側にも明確な課題が存在するものの、既存の業務フローを前提とした改善や効率化となるため、なかなか簡単には進まない。

しかも前述した通り、不動産業者の多くは中小事業者であるため、事務スタッフの作業が少し効率化するくらいではなかなか導入に至らない。法人とは言え、意思決定という点ではほぼ個人顧客と変わりはなく、啓発を含めた導入への取り組みが必要となる。

実は、この点については海外も同様で、電子メールなどに電子化されていない手続きをいかに電子化するか、ソフトウエア上に移行するかなど、スイッチングコストも含めてハードルになっている。

一般ユーザーから見た、不動産の購買と消費を変革するサービス

PropTechの「プレーヤー型」であるサービスや製品は、直接一般の個人や企業向けに事業を展開する。一般の個人や法人から見た場合に、不動産の取り引きは「賃貸」「売買」「投資」の大きく3つに分けることができる。さらに、それらに付随する形で住宅ローンや火災保険などの資金調

達、金融関連のサービス利用、家具や家電のサブスクリプションや貸倉庫サービスなどといった暮らしに関連するサービスが存在する。

PropTechスタートアップから、直接個人や法人向けに提供される、これらのサービスには以下のような特徴がある。

1）IT、オンラインによる中間業者の中抜きで低コスト、好条件のサービスを提供

2）IT、オンラインによる非対面取り引きで迅速なサービスを提供

3）「所有」から「シェア」といった新たなビジネスモデルで利用者の課題解決を提供

海外では、こうしたプレーヤー型のPropTechが主流となっている。これに関連して筆者がよく受ける質問が、「どこにテックが活用されているのか」「ただの不動産屋ではないのか」といったものだ。これはFintechの際にも、同様だった。

テックの観点については、詳しくは「第3章　PropTechを支えるテクノロジー」の中で触れるが、PropTechの多くは、限りなく実際の不動産ビジネス、不動産会社に近いと言える。テクノロジーをどの程度の粒度で捉えるかにもよるが、インターネットやスマホ、クラウドといったIT環境を活用している時点で十分にテックと言える。

そして、こうした「○○テック」の視点は、提供する事業者サイドや我々サイドの整理であって、利用者には関係ない。「PropTechだから使ってみよう」とか「Fintechだから使っています」といった人々はまずいない。

私が接する起業家や大手企業どちらの属性の方々にも必ず存在する無意識のテック論は、事業の立ち上げにおいて障害となる。PropTech、特にプレーヤー型のPropTechサービスを企画・検討したり、評価したりする際には十分意識したい。それは、プロダクトアウトの発想か、マーケットインの発想なのか、という点だ。プレーヤー型のPropTechを含めたスタートアップはマーケットイン、すなわち顧客やユーザーの問題・課題、ニーズから考える必要がある。

起業家が言う「AIを活用した不動産の○○です」「不動産の○○にブロックチェーンを採用するサービスです」といった事業やアイデアは。筆者らベンチャーキャピタルはあまりポジティブな評価をしない。テクノロジーありきではなく、向き合うべきは顧客の課題であるからだ。

大手企業などでも聞かれる「このPropTechのどこがテックなのか」「AIを活用した不動産サービスを検討したい」なども、プロダクトアウト型の発想であり、顧客の現状や課題にフォーカスしていない。こうしたことは、業界での経験や知識・情報が豊富であればあるほど陥りやすい罠である。

誰のどんな問題・課題を、どのように解決し、どのように収益を得るか——。この観点が非常に重要なのである。続いて、プレーヤー型のPropTechサービスを見ていこう。

不動産×金融で新しい住宅購入体験を提供
【目的】買う×【サービス例】Fintech 事例▶Divvy Homes（米国） 2017年設立

個人が住宅を購入するのは、一生に一度の大きな買い物である。その住宅の「買い方」に新たなソリューションを提供するのが、女性起業家Adena Hefets氏が設立したDivvy Homesだ。

同氏は、Cornell大学、Stanford大学のMBA出身で、Merrill Lynch（メリルリンチ）などの投資銀行をはじめ、PEファンド、老舗FintechのSquare、ベンチャーキャピタルでのFintech投資などを経験し、2017年にDivvyを起業した。

Divvyは、主に低所得者、クレジットスコアが低く住宅ローンを組むことが難しい人々を対象にして、住宅価格の最大2%を前払いすれば住宅を入手できるサービスを提供している。同社は2021年2月、投資ラウンド「シリーズC」（黒字経営が安定化し、IPOやＭ＆Ａを意識する段階）で1億1000万ドルの資金調達を実施した。

米国では、個人のクレジットスコアが生活をする上で欠かせないものになっている。日々の支払いの履歴を基にして個人の信用度が可視化されているのだ。住宅購入時の住宅ローン審査にも大きな影響を与える。Fintechの一部として「クレジットテック」と呼ばれる領域が存在するくらい大きなトピックの一つである。そういう意味では、DivvyはPropTechとも言えるしFintechとも言えるサービスを提供する。

Divvyの仕組みでは、住宅購入者が住宅価格の最大2%を前払いすれば、Divvyが代わりに住宅を購入して貸し出す。通常の住宅ローンの場合は、一般的に5%程度の頭金が必要となるから、Divvyの仕組みは負担が軽い。しかも購入対象となる物件は、市場に流通している住宅のほとんどをユーザーが好きに選んで購入することができる。その際、Divvyは現金で購入するため、価格交渉力があり有利に買い付けができるとしている。

さらに、Divvyは不動産仲介のエージェントとも提携している。エージェントは、Divvyと提携することで、頭金を用意できない、あるいは住宅ローンを組むことができない自社の顧客が住宅を購入できるようになる。エージェントが顧客にDivvyを紹介して無事に審査が通ると、仲介手数料を含めて全ての買い付け代金をDivvyが支払う。

ユーザーである購入者は入居後、市場価格より割高な家賃をDivvyに支払う。3年間のリース契約となり、ユーザーの毎月の支払額の最大25%が貯蓄され、住宅購入の頭金に利用できるように準備される。3年間の支払いを続けているうちにユーザーのクレジットスコアがあがり、住宅を購入できるようになるというわけだ（**図2-8**）。

3年が経過した時点で、そのまま自宅を購入するか、契約を解除して貯蓄分を現金化するかを選べることができる。ただし、1年間で3回支払いの遅延があると立ち退きさせられることになっている。

このように、Divvyは毎月の家賃と家の価格から収益を得るビジネスモデルである。アトランタ、ダラス、マイアミなど16のエリアで事業を展開。全米25の大都市圏のうち11の都市をカバーしており、2021年には20エリアに拡大予定だ。2020年には20万人を超える利用者からの応募があった。

Divvyの利用者からは、TwitterなどSNSも含めて感謝のフィードバックが寄せられている。現在、同社では米国内での市場拡大を優先するため、対象エリアを拡大中。エージェントとも提携し、現在同社のWebサイトには3300以上の販売中の物件情報が掲載されている。

家を買うことはアメリカンドリームの一つ。ただ、サブプライムローンを含めたリーマンショックの原因にもなったため、Divvyの事業について

図2-8　Divvyが提供するサービス。主に低所得者や、クレジットスコアが低く住宅ローンを組むことが難しい人々を対象に、住宅を購入できる仕組みを提供する。

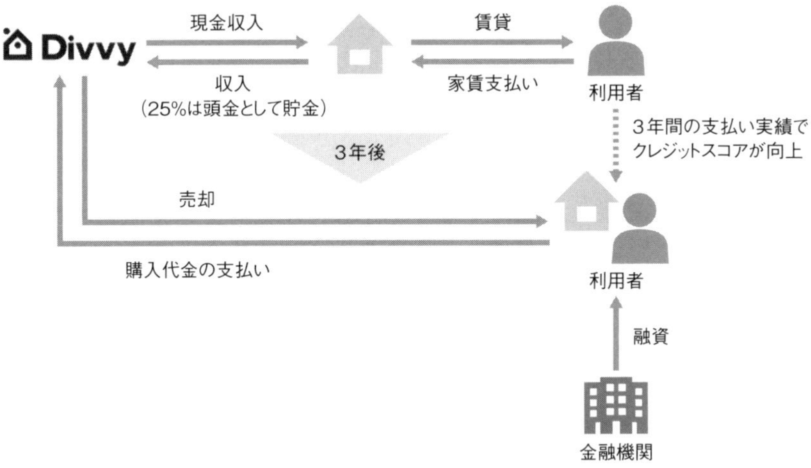

は批判の声もある。しかしながら、巨大な米国の住宅売買市場を対象として、その入り口をオンラインで抑えること、そして最大3年間の利用者の支払い履歴や取り引き期間を持つことは、大きな財産になる可能性がある。

現在、利用者の全てが3年間で住宅ローンを組むことに成功している。利用者の多くはDivvyに満足し、家を手に入れることができている。今後、Divvyが住宅ローンや保険の提供などによりFintech化していくシナリオは大いに想定できる。さらに、住宅購入に付随した家具やクリーニングなどのハウスサービスの提供など、「住宅購入」の接点を持つ同社の事業機会は多い。接点だけではなく、利用者の支払い履歴を含む与信情報のデータを保有している点も強みとなるだろう。

「データ」と「個別最適化」で中古不動産流通を一気通貫で提供

【目的】買う×【サービス例】リノベーションマーケットプレース
事例▶ツクルバ（東京都目黒区）
2011年8月設立　2019年7月東京証券取引所マザーズ上場

米国では、住宅購入の割合は新築ではなく中古が大半である。日本は全く逆で、新築がほとんどの割合を占める。しかし、徐々に中古住宅という選択肢が広まりつつある。特に都心部については、中心部であるほど分譲可能な土地は限られてきており、大型のタワーマンションを含めた新築マンションの建築や開発は年々減少している。

特に、今後人口減少を迎え、空き家が増加する日本では、新築から中古へのシフトを国も積極的に推進している。そのような中で、中古住宅、リノベーションとテクノロジーを融合した事業を展開するのがツクルバだ。同社は、中古・リノベーション住宅の流通プラットフォーム「cowcamo

（カウカモ）」を企画・開発・運営している。

ツクルバが取り組むリノベーション市場は、国策市場と言ってもよいほど国も力を入れており、今後拡大が予想される。政府の「未来投資戦略2017、Society 5.0の実現に向けた改革」においても、Fintechの推進などを含む8つの戦略分野の一つとして、「既存住宅流通・リフォーム市場を中心とした住宅市場の活性化」が掲げられている。そのKPIとして政府は、

・2025年までに既存住宅流通の市場規模を8兆円に倍増する（2010年4兆円）

・2025年までにリフォームの市場規模を12兆円に倍増する（2010年6兆円）

ことを掲げている。

政府は、空き家のデータベース化や、中古住宅の管理履歴の整備などの施策に着手している。新築か、中古住宅か、その選択は個人の価値観に起因するため、即座の変革は難しい。しかしながら、購入時の情報の充実や、リノベーション事業者の台頭による選択肢の拡大などにより、徐々に中古住宅のシェアも拡大していくだろう。

ツクルバは、都心部の若い世代に対して中古リンベーション住宅という選択肢を示す。ツクルバが運営するサービス「cowcamo」では、現在会員数が20万人を突破する。このプラットフォームにおいては、東京区部を中心とするエリアで売りに出るリノベーション済み分譲マンションと自分好みの中古住宅を買おうとする個人をマッチングする（図2-9）。

特徴は主に二つある。一つは、エリア内のまちや暮らしを切り口とする

図2-9　ツクルバが運営するサービス「cowcamo（カウカモ）」。東京区部を中心に、売りに出るリノベーション済み分譲マンションと、自分好みの中古住宅を買いたい個人をマッチングする。（ツクルバのホームページ資料「COWCAMO AGENT SERVICE」を基に本書作成）

Webメディアを運営し、地域や暮らしに興味のある個人ユーザーを獲得している点。もう一つは、買い手のデータを蓄積し、リノベーションの企画に生かしている点だ。買い手になる個人には、「好みに合った良い住まいを、手軽に手に入れられる」という価値を、売り手になる個人やマンションの買い取り再販事業者には、「早く適正な価格での売却」や「ニーズを踏まえた仕入・企画」という価値を提供しているという。

プラットフォーム上での売買については、買い手や売り手になる個人や買い取り再販事業者に対して「カウカモエージェントサービス事業」として不動産売買仲介やリノベーション企画のサービスを提供する。ツクルバではこの他、不動産ソリューションや空間設計・コンサルティングなどのサービスも提供している。

cowcamoは、中古不動産流通を一気通貫で提供し、バリューチェーンの変革を担っている。その特徴は「データ」と「個別最適化」にある。

ユーザーとの接点はオンラインから始まる。最終的にはリノベーションされた住宅というリアルな製品を提供する。オンラインの接点から顧客の好みやトレンドなどの「データ」を取得し、それを商品開発に反映する。その結果、個人の好みやライフスタイルに「個別最適化」された物件が完成する。

これまでの不動産は、室内のアレンジはできても間取りなどのアレンジや変更は難しかった。新築の場合であれば、一律に提供されるラインナップから選択する必要がある。カウカモでは、サービスを利用しながら中長期で住宅購入を検討し、自分に合った物件に出会うことができる。

これまで私たちの住宅購入は、賃貸かマイホームだった。マイホームの場合は一度購入したら一生付き合う。それが常識だった。しかしこれからは、自身のライフスタイルに合わせて物件を住み替える、米国式のスタイルが徐々に浸透していくだろう。

自動車も「所有」から「シェア」に移行している。しかし、「所有」そのものがなくなることはないだろう。自動車もライフスタイルに合わせて買い替えていくように、住宅にもそうした流動性が徐々に生まれつつある。

今後の中古住宅市場では、ユーザーに合わせた企画、設計のリノベーションが必須であり、そこにはユーザーデータが重要な役割を果たす。今後もリノベーション市場でスタートアップや、既存事業者の取り組みが増えることが予想されるが、ツクルバの持つユーザーデータの重要性はますます高まるに違いない。不動産開発、分譲のビジネスも、こうして限りなく情報産業に近づいていくのである。

巨大企業に成長したiBuyerのパイオニア

【目的】売る×【サービス例】iBuyer

事例▶Opendoor（米国）

2014年設立

OpendoorはiBuyerの先駆けとなる、米国を代表するPropTechである。iBuyerとは、Instant Buyerの略で、テクノロジーを用いて住宅価格に即時でオファーを出して買い取る企業を指す。

企業が個人の売り手から直接住宅物件を購入し、最終的にそれらを再販売する形だ。なぜ「インスタント」かと言えば、従来の不動産会社とは異なり、オンライン上でAIや機械学習を用いて不動産の評価を迅速に行い、現金買取を即時に実施するためである。

Opendoorは2017年にEric Wu氏らによって設立された。同氏は連続起業家であり、Opendoor創業前は、ApartmentList（2011年に設立されたアパートのポータルサイト）に買収されたRentAdvisor.com、Trulia.com（2005年に設立された米国住宅不動産ポータルサイト）に買収された地理データ分析会社のMovity.comの創設者兼CEOだった。

Opendoorは、自身の戸建住宅を売却したい個人向けに、オンライン上で物件を査定しスピーディーに買い取りを行う、買い取り再販事業を展開している。米国における不動産の売却に要する期間は60日とも言われており、長い時間と手間が掛かる。同社はそうした時間やプロセスを限りなくゼロにすることに取り組んでいる。

買い取りを行う戸建物件は、10万米ドルから50万米ドルの評価額で、1960年以降に建築された住宅を対象としている。オンラインでユーザーから売却のオファーがあった場合、査定結果を24時間以内に無料で提示している。

査定の際には機械学習を用いており、その精度向上に取り組んでいる。市場の合理的価格をいかに迅速に提示することができるかがカギである。従来の買い取り再販事業者と異なるため、「安く仕入れて高く売る」ということを目指しておらず、この方針を強く繰り返して発信している。これは、離婚や相続といった突然の事態に対して、顧客の足下を見て安く買い取り転売する、というモデルではなく、住み替えニーズが発生した際の顧客に対して再定義された不動産取り引きを円滑に提供するという同社の想いがあるからだ。

オファーした見積もりが安すぎれば顧客が不利になるし、高すぎればOpendoorの損失となる可能性が高くなる。そこで、査定精度向上のために、複数のモデルを活用したアンサンブル学習を採用している。アンサンブル学習とは、複数のモデルを融合させて一つの学習モデルを生成する手法だ。主に「自動評価モデル(AVM)」と「比較市場分析（CMA)」を活用している。

自動評価モデルは、Opendoorが不動産に関する多くのデータを迅速に処理し、提示価格に到達するために使用する独自のソフトウェアを指す。比較市場分析は、最近売れた類似の物件の取り引き内容を見ることで計算する手法だ。二つの物件が全く同じ条件ではないため、正確な査定や予測は簡単ではない。しかし、Opendoorでは膨大な取り引き情報を基に、日々分析モデルを開発している。適正価格のオファーをいかに迅速に提示できるか――。これはiBuyerの競争優位の源泉になるため、データを蓄積できる先行者利益が一定程度あると予想されている。

2020年にNASDAQ（ナスダック）に上場したOpendoorは、2021年3月時点で時価総額が1.3兆円に上る。これは、日本の不動産会社の時価総額ランキングで並べてみると、4番手に匹敵する規模である。登場当初は、「ただの買い取り再販のネット版でしょう」という声が日本では囁かれていたが、その後事業を伸ばし1兆円規模の企業になったことで日本の大手不動産関係者からも驚きの声があがっている。たった7年程度で、ここまで到達したためだ。

2020年は年間で9913件の住宅を販売し、売り上げは約2500億円に達する。日本の大手ハウスメーカーのトップの販売件数が年間1万3000件程度である。Opendoorは、買い取り価格の約5%をサービス料という名目の手数料で徴収する。米国における不動産取り引きの手数料は一般的に6%だ。それを買い手・売り手のエージェントが折半する。全米不動産業協会によれば、買い手の89%はエージェントを利用している。通常の取り引きにおいては、3%以外にも費用が掛かるため、総額では安いと、Opendoorは指摘している。人口などの違いはあれど、Opendoorは着実に不動産市場に浸透しインパクトをもたらしているのである。

なお、国内には日本版iBuyerと呼ばれる、すむたすが都心部のマンションを対象にしたiBuyer事業を展開している。

REIT市場に続く不動産投資2.0の世界

【目的】投資する×【サービス例】不動産クラウドファンディング
事例▶Cadre（米国）
2014年設立

不動産に投資をする際、特定の物件へ直接投資をしようと思えば、数百万円から数千万円以上必要であることがほとんどだ。そこで誕生した新たな投資法がREIT（Real Estate Investment Trust、不動産投資信託）である。複数の投資家から資金を集めて、複数の不動産に投資し、賃料収入などから投資家に分配する仕組みである。投資家は1万円程度から投資が可能だ。

REITは、米国で1960年に市場が創設されたのが始まりで、日本では2001年に日本版REIT「J-REIT」市場が開設された。現在は62銘柄が上場し、全体の時価総額は約12兆円にまで拡大した。米国では151銘柄が上場しており、時価総額は約90兆円と非常に大きい。

REITの誕生は不動産投資の民主化をもたらし、発行体企業にとっても新たな資金調達の手段となった。この不動産投資の領域も、主にはFintechの文脈で再び変革の波がもたらされることになる。クラウドファンディングの登場だ。不動産に限らず、この10年でクラウドファンディングは一般化し、目にする機会が増えた。株式市場を介さずに多くの個人から資金を集めるクラウドファンディングは、まさにインターネット、

ITが生み出したイノベーションであり、金融、投資そのものの民主化とも言える。そんなクラウドファンディングによって不動産投資も新たなステージへ移行しつつある。

米国においても多くの不動産クラウドファンディング事業者が誕生している。大手不動産会社が事業として手掛ける場合もあるが、やはり主役はスタートアップだ。

Cadreは、2017年に米国でRyan Williams氏らによって設立された不動産クラウドファンディングのスタートアップだ。同氏は、Goldman Sachs（ゴールドマンサックス）、Blackstone（ブラックストーン）での不動産投資を経て会社を創業。自身にとっての不動産投資はHarvard大学の学生だった2009年に、アトランタで購入したのが初めてだったという。

Cadreは、富裕層や機関投資家向けに特化した、商業不動産を中心としたクラウドファンディングを展開している。通常、最低投資金額は少額だが、Cadreではそれが5万米ドル以上と高額であることが特徴である。従来、機関投資家しかアクセスできなかった市場を、一般向けに開放することで、投資市場そのものの変革を目指している。

現在は、Cadre Direct Access Fund、Deal-by-Deal Investingの二つを展開している。Cadre Direct Access Fundは、最低5万米ドルから投資できる不動産ファンドだ。ポートフォリオはCadreが構築し、50%は家族向け住宅、残り50%はオフィスやホテルなどの商業不動産を軸に配分し、米国15の地域を対象に投資が実行される。

投資地域および対象不動産の選定については、Cadreがこれまで蓄積してきたデータ、経験豊富なプロチームと機械学習などのテクノロジーを活用して実施される。誰でも投資ができるわけではなく、①過去2年間の収入が20万ドルを超えている（今後も続くと予想される）、②過去2年間に配偶者との共同年収が20万ドルを超えている、③純資産（主たる住居を除く）が100万ドルを超えている、④金融サービスライセンス（Series 7、Series 65、Series 82）のいずれかを保有している、のいずれか一つに該当しないと、アカウント登録をして投資することができない。一方のDeal-by-Deal Investingは物件ごとの投資で、こちらも5万米ドルから投資することができる。

Cadreは、2015年から米国の20市場で80を超える不動産を取得してきた。取り引き額の合計は30億米ドルを超え、投資家への分配は1億6800万ドル以上に上る。

さらに、2018年にはセカンダリー市場、流通市場の開設を実施した。Cadre上で投資をした場合、6カ月以上が経過すればCadreが4半期に1回開く流通市場で投資持ち分を売却することができる。試験的に開始した取り組みだが、取り引き件数は増加しており、Cadreは市場を自ら生み出すまでに至っている。

富裕層などのプロ投資家向けということで、完全な一般開放ではないが、これまで機関投資家のみが参加していた市場を個人に開放した点は大きく評価されている。

Cadreは、代表のRyan Williams氏をはじめ、Four Seasons＆Prudential Real Estate Investorsの元CEO、Goldman Sachsの元Real Estate Banking Headなど不動産投資金融のプロたちが多数参画。投資委員会でのメンバーの平均業界経験年数は25年を超えている。

日本国内では、2012年にゴールドマンサックスリアルティジャパン出身の岩野達志氏らが設立したロードスターキャピタルが不動産クラウドファンディング「OwnersBook」を提供している。投資家会員数は2万4000人を超え、累計投資金額は200億円を突破した。ロードスターキャピタルもCadre同様に、これまで個人投資家がアクセスできなかった中規模オフィスビルなどを対象にして高い利回りを確保している。そのため、案件募集をすると数分で枠が完売してしまうほどの人気だ。

2012年に米国で設立されたFundriseはロードスターキャピタルと同様の事業を展開する米国の不動産クラウドファンディングのリーダー的企業で、総取り引き額は51億米ドルを超えているが、まだ上場はしていない。

従来のREITと比較した際、最も大きな違いは1万円程度の少額で「個別案件」への投資ができることだ。REITは複数の物件が組み込まれた投資信託のため、単一の物件には投資ができない。

サービスが開始されて約10年で不動産クラウドファンディングは一般的な投資手法となってきた。しかし不動産投資市場においては、さらなる大規模オフィスビル開発などクラウドファンディングが着手してない市場は多い。今後は、より少額化された投資や、Cadreのような流通マーケットなど、「不動産投資2.0」が一層拡大していくだろう。ロボアドバイザーの普及などの後押しもあり、より一層不動産投資が身近になることが期待されている。

日本のPropTechを牽引するリアル産業のDX

【目的】投資する×【サービス例】デジタルエージェント

事例▶GA technologies（東京都港区）

2013年3月設立　2018年7月東京証券取引所マザーズ上場

不動産投資には、REIT、クラウドファンディングに加えて直接投資が存在する。日本でもお馴染みなのが、コンパクトマンション（ワンルームなど）への区分所有を通じた投資だ。ワンルームに投資をして、賃貸に貸し出す投資である。

コンパクトマンション投資は、1000万円程度の投資であることから会社員などに人気がある。しかしその裏では、しつこい営業電話や営業行為を経験した人もいるだろう。営業職員は歩合制で高給ではあるものの、入社した新人20人が翌年には数人しか残っていないなど、厳しい世界としても知られる。このように、電話営業や訪問営業を主とする旧来型の営業手法や業界慣習が色濃く残る業界に、テクノロジーを持ち込んだのがGA technologiesである。

GA technologiesは、不動産領域のDX（デジタルトランスフォーメーション）を推進する、日本を代表するPropTech企業の一つだ。元サッカー選手という経歴を持つ樋口龍氏によって2013年に設立され、2018年にマザーズに上場した。同年、不動産賃貸領域におけるPropTech企業として、日本ではよく知られるイタンジを買収し、グループ化したことで多くの業界関係者、スタートアップ関係者の間で話題となった。

同社は、「世界のトップ企業を創る。」をビジョンに掲げ、不動産のみならず、建設、金融領域も見据えた事業を展開している。具体的には、PropTechの「プレーヤー型」のビジネスを展開しており、実際の不動産取り引きそのものに関与する事業を展開している。

主力事業である「RENOSY」は、不動産投資をはじめ、住まいの「買う」「借りる」「売る」「貸す」の全てを扱う総合プラットフォームだ。会員数は10万人を突破し、右肩上がりで増加している。住まいに関する役立つ情報メディアの機能も持ち、月間のPV数は280万を超える。

不動産投資に関するデータや動向も知ることができ、多くのユーザーはこのオンラインから不動産投資のサービスにアクセスをする。GA technologiesから営業電話を掛けたりはせず、効率よく集客を行っている。

GA technologiesは、2020年の不動産投資のマンション販売において、販売戸数、売上高が新築・中古ともに日本一（東京商工リサーチ調べ）になったと発表した。同社の強みは、投資用不動産マンションの販売における、仕入れと販売への徹底したテクノロジー導入がある。

まず、仕入れについては、毎月1万件の物件情報を全国から仕入れた際、自社内製したシステムを使って情報をデータ化し、AIを用いて選定。3%に厳選して仕入れを行う。不動産業界では、物件の情報チラシ（マイソクと呼ぶ）をFAXなどでやりとりする手法が未だに残っている。営業職員はこの情報収集作業だけでも時間を費やしてしまうため、GA technologiesではシステム化し、営業職員が顧客サポートなどに時間を使えるようにしている。

販売については金融商品同様、現代の利用者は、「セールスマンの話を鵜呑みにせず、自身でデータを見て学習、判断したい」というニーズが強いため、RENOSYなども活用したデータ提供を行っている。さらに、契約や商談時は非対面でも可能で、契約は電子契約で行う。投資したマンションの情報管理に関しては、「OWNER by RENOSY」という専用アプリで行うことができる。

こうしたプロセスの最適化の結果、同業他社と比較した際、圧倒的な在庫回転期間を誇る。GA technologies以外の不動産業8社の平均が約313.3日であることに対して、約23日という驚異的な効率性を実現している。利用者、営業職員の双方にとって喜ばれるテクノロジー活用を積み重ねていった結果、それがGA technologiesの強みとなっているのだ。

コロナ渦で不動産取り引きが実施しにくくなる中で、これまでのテクノロジー投資が発揮され業績を順調に伸ばしてきている。一見すると、「ただの不動産会社ではないか」と思われるかもしれないが、リアル産業において実際のオペレーションにテクノロジーを導入し浸透させることの重要性を体現した企業の一つと言える。エンジニアなどのIT人材は全体の約30%で、2017年4月には不動産業界で初となる自社内研究開発組織「AI戦略室」を設置している。執行役員でChief AI Officerとして同室を牽引するのは、リコー出身の稲本浩久氏だ。同氏を含む不動産業界外のプロフェッショナルの参画、多様性がGAの強みを作り出している。今後、日本のPropTechにおいても、こうした不動産のプロ、金融のプロ、テクノロジーのプロが融合した多様性あるチームやスタートアップが増えていくだろう。

米国では投資物件に限らず、不動産取り引きにおけるデジタル仲介、デジタルエージェント企業が大きく成長している。2012年、Goldman Sachs出身のRobert Reffkin氏らが創業した米国のCompassは、そんな企業の代表格の一つだ。ソフトバンクのビジョンファンドも投資しており、2021年にIPO申請することを明らかにした。2020年の売り上げは37億2000万ドルと、前年比56%増加している。2020年は、コロナ渦で売り上げが減少すると予想され、レイオフも行っていたが結果は異なったようだ。

Compassは、仲介を行うエージェント向けに、業務効率化のシステムを提供する仲介会社だ。厳密に言うと、米国の不動産取り引きは、仲介を行うエージェントと、エージェントが所属するブローカー（仲介会社）に分かれる。エージェントは、所属する仲介会社に手数料を支払う代わりに、ブランドやオフィスを使わせてもらえる。仲介会社はCompassのようにデジタル化に舵を切っており、利用しやすいデジタル化ツールと、エージェントの囲い込みのためのインセンティブ施策（手数料無料や移籍金付与など）を実施している。

今後も、米国、日本において、リアルな営業スタッフとテクノロジーの融合は続いていくだろう。

100%デジタルプロセスの住宅ローンテック
【目的】資金調達×【サービス例】オンラインレンダー 事例▶Better.com（米国） 2014年設立

不動産取り引きには、多額の資金が必要となるため、融資、決済、保険といった金融機能が必要となる。不動産は取り引き額が大きいため、Fintechに分類される領域がPropTechとしての側面も持つ。

中でも、メジャーなマーケットの一つが住宅ローン分野だ。その中でのオンラインレンダーが、オンライン完結やテクノロジーを活用した住宅ローンを提供する。直接提供するレンダー型と、複数の住宅ローンを比較検討できるマーケットプレイス型がある。いずれも、住宅を購入したい個人や、ローンの借り換えを行いたい個人を対象している。金融機関や不動産会社向けに住宅ローン業務のデジタル化、業務効率化を提供する企業もある（後述）。

住宅ローン領域は、Fintechの側面もあるため、Fintechとして分類されることが多い。サービスが急拡大している米国では、「住宅ローンテック、モーゲージテック」とも呼ばれ注目を集めている。

Better.comは米国のオンラインレンダーで、個人向けに住宅ローン提供を行う。2014年にVishal Garg氏によって設立された。設立のきっかけは、創業者自身が体験した住宅購入と、それに付随するローン手続きの不便さに対する強烈な不満からだった。

日本と同様、米国も、住宅ローンは銀行や信用組合で申し込むことができる。通常、金融機関の選定から申し込み、審査、実行までには数週間から数カ月の時間を要する。そのような状況に対して、オンラインレンダーは住宅ローンプロセスをユーザー目線から全て作り直している。申し込みは全てオンラインで完結し、オンラインで質問に答えていけば5秒以内で自身に最適化された条件が提示される。

住宅購入の際には、他の購入候補者と入札になる場合がある。その際には、住宅ローンの事前承認が必要だが、従来型金融機関の場合はこの事前承認にも時間が掛かる。しかしBetter.comでは事前承認も3分以内に実施するスピードだ。事前承認書には借入可能金額が記載され、オンラインでダウンロードすることができる。これら全てのプロセスは、100%オンラインで実現。徹底したユーザーフレンドリーの住宅ローン会社を作り上げている。

2020年11月には、投資ラウンド「シリーズD」で2億米ドルの資金調達を実施している。同社は2020年に200億米ドルの融資を実施し、2019年の40億米ドルから大幅に増加した。顧客数も8万8100人以上と、2019年の1万7800人から激増している。歴史的な低金利に加えて、完全なデジタルプロセスが現在の環境に合ったと想定される。現在は、米国43州で住宅ローンを提供しているが、今後は50州でライセンスを取得し全米で展開する予定だ。

現金化しても住み続けられる家

【目的】借りる×【サービス例】リースバック

事例▶EasyKnock（米国）

2016年設立

EasyKnockは、全米50州でリースバックを提供する企業である。リースバックとは、自身の自宅を売却した後も、家賃を支払い続けることでそのまま住むことができるサービスのこと。商業用不動産において一般的なセールリースバックを個人住宅市場に持ち込んだのが、EasyKnockだ。

創設者のJarred Kessler氏は、Credit Suisse（クレディスイス）やMorgan Stanley（モルガンスタンレー）、Goldman Sachs（ゴールドマンサックス）といった金融業界でのキャリアを経て、個人向けセールリースバックの事業を立ち上げた。金融、Fintechの側面も強いPropTech企業といえる。

自宅を売却したい個人利用者は、オンラインから簡単に申し込みをすることができる。平均の取り引き期間は約2週間で、自宅の評価額の最大70%がすぐに現金で前払いされる。

米国で活用されているクレジットスコアだけではなく、不動産そのものを評価するため、クレジットスコアが低い人や、失業などで収入が激減した人でも利用することが可能だ。iBuyerとは異なる住宅、暮らしの選択肢の一つである。

リースバックのビジネス自体は日本に数多く存在しており、金融機関、建設事業者、不動産会社など、上場企業から非上場の中堅企業まで実に多くの企業が展開している。今後、少子高齢化が加速する日本において、リースバックやリバースモーゲージの需要は一層拡大するだろう。

しかしながら、日本においてはこうした事業を展開するテクノロジー企業は皆無に等しい。ただでさえ分かりにくい仕組みの上に、生涯に重大な影響を与えるにもかかわらず、事業者の比較サイトが多数存在しているのみである。今後、PropTechの取り組みによってEasyKnockのような企業が日本で誕生することが期待される。

ホテルのように予約して使える賃貸サービス

【目的】借りる×【サービス例】オンライン賃貸
事例▶Ziroom（中国）
2011年設立

Ziroomは、中国でオンライン賃貸プラットフォームを展開する企業だ。オンライン賃貸、スマートレンタルと呼ばれるこの分野は、中国でも複数の企業が誕生しユニコーン企業に成長している。実際に物件を借り上げて、家具や家電も設置した状態で利用者に貸し出す。利用者はオンラインで物件を検索し、オンライン上から申し込みをするだけですぐに住み始めることができる。

Ziroomは、北京、上海、深センなど9都市で展開しており、約50万人の物件オーナーと、累計300万人の利用者を持つ、中国大手のスマートレンタル事業者だ。2020年には、6000部屋を管理、提供する、同業者のBesbond（2014年設立）を買収した。

さらに、部屋の提供のみならず、清掃サービスや家の修理などのハウスサービスも提供しており、これまで3000万件以上の注文実績があり、サービススタッフは2万人以上という。日本では考えられないような規模に成長しているが、Ziroom誕生時の2012年ごろは、賃貸住宅は民間の個人大家が中心で、満足できるサービスが提供できていなかった。そこにZiroomをはじめとする企業ブランドの賃貸サービスが登場し、沿岸都市部で働く若者にとって主流な選択肢になったという。

ZiroomのWebサイトには日本からもアクセス可能で、募集物件の多くの情報を見ることができる。情報量は非常に多く、物件写真がVRに対応しているものも少なくない。情報量としては、日本のサービスと比較できないほど充実しており、データの蓄積が進む。

元々は、2001年設立の不動産仲介会社Lianjiaの一部でスタートしている。Lianjiaは早期からテクノロジーに投資したリアル事業者で、同社の取り組みがZiroomにも反映されている形だ。

同様に、Lianjiaから設立されたBeikeは、オンライン不動産取り引きのデジタルエージェント事業を展開し、VR内見を含むテクノロジー投資を積極的に実施。中国110の都市に展開している。ソフトバンクビジョンファンドから投資を受け、2020年にはニューヨーク証券取引所に上場、現在は時価総額が7兆円と日本の不動産会社をはるかにしのぐ規模に拡大した。

既に紹介した日本のGA technologiesはBeikeと提携し、同社のVR技術の提供を受けている。中国のテクノロジーが既に日本市場に到来した形だ。

中国のPropTechは、オンラインとオフラインの双方から事業展開を進めており、3Dデータを含めて膨大なデータの蓄積が進んでいる。不動産情報インフラの整備を日本国内でも進めているが、そもそもZiroomのようなプラットフォーマーが市場を独占すれば、データインフラは事実上不要になる可能性がある。Ziroomを含む複数事業者は全てオンラインでデータを取得しており、こうした事業者間で連携すればインフラは必要ないし、既存のプロセスから電子化してデータを収集するということも不要となる。

ユーザーに必要なサービスを創っていたらプラットオーム化し、膨大なデータが蓄積される、というSNSをはじめとする、オンラインプラットフォーマーで起こったことが既に、この分野でも起き始めているのだ。

特定の住居を持たない多拠点生活

①【目的】借りる×【サービス例】コリビング
事例▶アドレス（東京都千代田区）
2018年12月設立

アドレスで提供するのは、定額で全国住み放題の多拠点移住サービスだ。全国各地に自ら物件を取得しリノベーションしたり、借り上げたりして拠点を確保。それらを、会員に対して月額４万円（税別）で提供する。コリビング（co-living）とも呼ばれるサービスだ。米国をはじめ海外のPropTechコミュニティでも、たびたび注目トレンドとして挙がる。コリビングとは、職住一体型の施設、ライフスタイルを指す言葉だ。フリーランスなどの新たな働き方が定着してきたことによって生まれたものである。

会員はアドレスと共同賃貸借契約を交わし、拠点を利用する仕組み。利用可能な拠点は2021年３月現在、全国130カ所以上。電気代や水道光熱費などは月額料金に含まれ、共用部分には家具・家電なども備え付けられている。

同社では、地域のコミュニティを意識した運営を行っている。「家守（やもり）」と呼ばれる「ADDress」の家での生活をサポートするコミュニティマネージャーを配置。各物件には、個性あふれる地域住人が管理者として担当に付き、地域との交流の機会やユニークなローカル体験、その地に暮らしているからこそ分かる情報を提供しているのである。

同じ部屋の連続予約は最長7日間となっている。連続滞在に制限があるため、どこか固定の拠点に留まることはできず、全国各地の物件を利用することになる。住宅価格は都心部と地方で大きな差があり、うまく都市部と地方の物件を織り交ぜることで破格の月額を実現する。

定住はしない「関係人口」が増えることに対しては、地方自治体も地域活性化として熱視線を送る。リモートワークの普及により、オフィスから自由度が拡大していったように、住居の自由度を拡大しているのがADDressだ。

ここで問題になってくるのが移動の交通費などであるが、航空会社や鉄道会社との提携により、航空券などの乗車券も含めた定額制に関する実証実験などをこれまでに実施している。全国各地、毎月定額のサブスクリプションで行き来することができる日が来るかもしれない。

同社は、住居として提供する物件を不動産クラウドファンディングで資金調達を行い、仕入れるといった取り組みも実施している。

美容師がスキルと体一つで美容室を開業

【目的】借りる×【サービス例】法人スペースシェアリング

事例▶The Salons Japan（東京都世田谷区）

2018年11月

法人向けオフィスに革命を起こしたWeWork。「コミュニティ」の概念と、セットアップされたオフィスは瞬く間に人気となり日本への上陸も果たした。魅力の一つは、すぐに入居ができること。そしてオフィスの世界観、デザインがグローバルで統一されているところにある。筆者も、米国をはじめ各地のWeWorkを訪問したことがあるが、多くのスタートアップが利用していた。

そうしたセットアップされたスペース提供も、特化型が進んでいる。日本で事業展開するThe Salons Japanは、独立したい美容師向けに、完全個室型美容室モールを定額で提供するサービスを展開する。店舗は2021年1月現在、東京・表参道と東京・銀座2カ所の計3カ所。今後は新宿、渋谷など13か所の出店を計画している。

美容師は独立する際、課題となるのが出店の準備や資金調達など、いわゆる経営に関するタスクだ。一流の美容師も経営については慣れておらず苦戦してしまう。そんな美容師の「不（不便・不満）」を解決しようと、現役の美容師である清水秀仁氏が設立した。

美容室は一般的に一等地に立地するため、家賃も高い。加えて、シャンプー台や鏡など内装、備品には多額の費用が必要となる。美容師は、まさに「手に職」の代表例で、体一つで顧客を喜ばせることができる仕事だ。そんな美容師がスキルと体一つですぐに開業できるようにしたのが、The Salonsである。

必要な費用は月額賃料のみ。敷金礼金は不要だが、契約時に家賃3カ月分、初月賃料1カ月分の合計4カ月分を預ける形になっている。月額料金にはレンタルタオル300枚や、WiFi環境なども含まれており、まさに美容師向けのフレキシブルオフィスと言える。

同社はアプリの開発・提供も行っており、予約管理機能なども提供する。オフラインの「場」を提供しながらオンラインの接点も提供する、まさにリアルとオンラインを融合したサービスを展開することで、顧客である美容師の満足度が高くなるサービスの構築を目指している。

従来は、ホットペッパービューティーなど、集客メディアは複数存在した。しかし、リアルな場を持ちながらオンラインへ移行するケースはこれまでになく、「場」を起点にしたオンライン化には今後期待ができそうだ。というのも、集客メディアだけではなく、美容室経営には決済や会計、顧客管理など、Fintechやメディアに関連する隣接領域が多数存在するからだ。こうした分野を一気通貫で提供することによる事業機会は大きい。

家具は捨てずに借りるという選択肢

【目的】暮らす×【サービス例】家具・家電サブスクリプション
事例▶クラス（東京都目黒区）
2018年4月設立

筆者は、自宅マンションにある入居者用のごみ捨て場や、週末に見かける引っ越し業者を見ていていつも考えていた。これだけ多くの、大型の家具がコストをかけて運ばれて、さらにはリサイクルなどのコストをかけて破棄されている。家計で見た際のコスト負担はもちろん、SDGs（持続的な開発目標）の論点で言えば地球環境にも優しいと言えない。こうした問題に取り組んだのが、家具のサブスクリプション事業を展開するクラスだ。

クラスは、個人・法人に向け、家具や家電製品を定額で貸し出すサービスをオンライン上で提供している。月額400円からで、椅子やデスク、ソファなどをスマホから借りて返却することができる。最低レンタル期間は

3カ月で、通常利用の範囲であれば返却時の追加料金は不要である。

家具を「借りる」という選択肢は、まだまだ市民権を得たとは言えない新たな概念だった。しかし新型コロナウイルスの感染拡大で、状況は一変。リモートワークによって在宅勤務が増える中、自宅にデスクやチェアがなかった人も少なくない。自宅で仕事をする前提がない人にとっては、当然のことだ。加えて、オフィスはソーシャルディスタンスの設定が急務となり、オフィスレイアウトの変更や、場合によっては拠点の縮小が必要となった。

こうした状況にマッチしたのが、クラスをはじめとするサブスクリプションのサービスだ。個人及び法人の利用が急速に拡大し、「必要な時に必要なものを使う」というスタイルが、家具や家電といった商材にまで波及し始めている。

マンションなどの自宅や家具を購入する際には、人々の多くは処分・売却するときのことを想定していない。家具を処分する際には、廃棄料金が思いのほか掛かり、驚いた経験がある人も少なくないだろう。処分費用も含めたトータルコストを考えた場合、サブスクリプション型のサービスは今後も有力な選択肢の一つとなるだろう。

家具の他にも、アートや花など暮らしにまつわるサブスクリプションはどんどんと登場している。家や不動産選びが多様化するのと同時に、室内環境や住環境の流動化も徐々に始まりつつある。室内環境の前提が変わってくれば、家財保険や火災保険の在り方も変化するため、まさに不動産全体の再定義が始まっていると言える。

「プロ」のサポートを通じてデジタル化をサポート

PropTechの「プレーヤー型」に対し、不動産会社や建設会社、金融機関といった法人を対象に、不動産関連業務の効率化や生産性向上を支援する製品、サービスを提供するのが「サポーター型」である。

スタートアップやベンチャーは、「ディスラプター（破壊者）」などと呼ばれるが、それは半分正解で半分間違っている。なぜなら、サポーター型の取り組みを含めて、既存のプレーヤーと協業・連携する取り組みは非常に多いためだ。Uber（ウーバー）のような例はまれであり、また、創業者たちも、業界やそのプレーヤーを破壊することを目的に事業を展開する向きはまずいない。

既存のプレーヤーがエンドユーザーに向き合うつもりがない時、あるいは既得権益を保護して利用者目線でビジネスをしていない時、そうした状況の中でスタートアップがエンドユーザーの信頼を獲得すれば「破壊的」になるが、それは結果論に過ぎない。

エンドユーザーに向き合って、事業を効率化したい、付加価値を向上させたいと願うプレーヤーに寄り添うスタートアップは多い。本稿では、そんなプロ向けのサービスを展開するスタートアップを紹介する。

シェアNo.1の業界特化型SaaSで業界全体のデジタル化を推進

【目的】施工管理×【サービス例】クラウド一元管理（SaaS）

事例▶アンドパッド（東京都千代田区）

2012年9月設立

世界最大規模のベンチャーキャピタルが日本で活動を開始した。そのニュースは日本のスタートアップ業界で大きな話題となった。世界的なベンチャーキャピタルであるSequoia Capitalが、Sequoia Capital Chinaによって建築・施工管理のSaaSを開発・提供するアンドパッドに投資したのだ。Sequoia Capitalにとっては日本初の投資案件となる。アンドパッドは、この資金調達を含めて累計87億円の資金調達を実施している。

アンドパッドは、施工現場を一元管理できる施工管理アプリ「ANDPAD(アンドパッド)」をクラウド上で提供するSaaS企業だ。利用者は、主に戸建て住宅の建設に携わる工務店・建設会社6万社以上、ユーザー数は17万人だ。

住宅建設の分野はもともとIT化が遅れており、施工者はアナログの図面や工程表を基に電話やFAXでやり取りしていた。アンドパッドではそれらの資料を全てデジタルデータに置き換え、工事関係者間で共有できるようにした。加えて、コミュニケーション手段を電話やFAXからチャットに切り替えた。施工効率の向上はもちろん、例えば引き合いからメンテナンスまで一貫した顧客管理による経営改善にまで役立たせられる。

建設業界のDX推進に向け、同社では業界に特化したソリューションサービスを提供する会社との提携関係を構築していく方針だ。それによって、マーケティング、営業、設計、契約、施工、品質管理、コスト管理などの領域でのサービスを、ANDPADと併用できる態勢を整える。

アンドパッドの代表で創業者の稲田武夫氏は、建設、不動産業界の出身ではなく、リクルート出身の起業家だ。同氏は、起業時の業界選定として、「チャレンジするからにはインパクトが大きい事業を」という観点から業界を絞り込み、結果として建設業界を選んだ。同氏はいまでも、建築や顧客の現場に足を運ぶことを重視し徹底的に「リアルな現場」にこだわる。不動産や建設業界における起業において、もちろん現場や慣習を理解しているにこしたことはない。ただし、結局のところはどれだけその現場と向き合えるか、業務と向き合えるかであり、「役に立ちたい」「貢献したい」という想いが伝われば、同氏のように受け入れられるのである。

こうした人材の多様性が、業界をより活性化させることにつながる。加えて、海外の有名ベンチャーキャピタルからの資金調達を実現したのも、この市場は日本国内でも規模が大きく、まだまだビジネス機会があるということだろう。

スタートアップの多額の資金調達を見ると、「バブルだ」と指摘する人がいる。スタートアップファイナンスにおいては、GDP比で見たスタートアップ投資が日本はそもそも米国や中国と比較した際に圧倒的に少なく、むしろようやく資金が流入してきたと言える。米国や中国のPropTechが大きく成長しているように、日本にもその波がやってくるだろう。

日本で誕生したCRETech領域のスタートアップ
【目的】仲介・管理業務／査定・評価×【サービス例】不動産価格推計サービス 事例▶estie（東京都文京区） 2018年12月設立

米国と日本のPropTechシーンにおける大きな違いの一つは、CRETechスタートアップの数だ。2012年に米国で設立されたVTSは、商業不動産管理プラットフォームとして同分野を代表する企業の一つ。主にオフィスビルを対象に、賃貸人の賃貸と物件管理をサポートするソフトを提供している。世界38か国、4万5000人が利用、約11億m^2が同社の

クラウド上で管理されている。

estie（エスティ）は、そんなCRETech領域における数少ないスタートアップの一つだ。2018年、平井瑛氏によって設立された。同氏は東京大学を卒業後、三菱地所に入社し、その後estieを起業した。

estieは、国内最大のオフィス不動産プラットフォームの構築に取り組んでいる。オフィスを借りるテナント企業向けにマッチングサービスを提供する「estie」と、ビルオーナーや管理会社などプロ向けにオフィス賃貸業務の効率化を図るデータプラットフォームサービスを提供する「estie pro」がある。

マッチングサービスでは、希望条件を入力し、条件に合いそうな物件を「お気に入り」に加えると、AIによるレコメンドを得られる他、不動産仲介会社からの提案も受けられる仕組み。条件に合うオフィスを、大量の物件情報と格闘することなく、手軽に探し出すことが可能という。マッチングまでのサービスは無償で提供を受けられる。

これに対してプロ向けサービスは、「建物情報」「募集情報」「テナント情報」「推定賃料」「時系列成約水準」「将来供給」といった情報を基に、例えばビルオーナーに対して、周辺相場から判断して適切な賃料を設定するなど、その意思決定を支援し、マーケティング業務の効率化を後押しする。ここでは「推定賃料」の提供にAIを活用する。利用料金は、利用人数や契約機能に応じた月額制を取る。

賃貸オフィスビル仲介の世界では、例えば募集賃料や成約賃料などのデータをExcel上で管理するだけで、その活用までは図ってこなかった。そのため、新たに賃料を設定する場合、不動産仲介会社の営業マンが現場の勘で値付けするようなことが一般的で、デジタル活用の余地が残されていた。そこに目を付けるPropTech企業はあったものの、先行企業は賃料情報の収集でつまずいていた。

それは、不動産関連の価格情報、それも成約価格の情報は、秘匿性が高く、公開されないからだ。不動産関連の価格情報を収集し、それをAIで分析しているという、PropTech企業は少なくないが、それらのデータは、Webサイト上に公開されているデータをかき集めてきたものにすぎない。こうしたスクレイピングという手法が今後、どこまで許容されるのか。ビジネスの持続性を考えると、リスクが高い。

そうなると、必要なデータは自ら収集するほかない。その課題をestieが乗り越えらえたのは、同社の創業者が三菱地所出身で業界に対する理解とネットワークを持ち合わせていたことは大きい。業界の課題を熟知しているからこそ、大手デベロッパーを巻き込み、成約価格の情報まで収集することができたのである。サービスの基になる賃貸オフィスビル情報はいま、全国7万件以上。東京都心5区に立地する賃貸ビルの90%は把握済みという。そこに、estieの強みがある。

CRETechの領域は、業界未経験での起業は難易度が高く、起業アイデアの候補にもなりにくい。estieを皮切りにして、商業不動産、企業不動産領域での起業や新規事業は今後増えていくだろう。

不動産リーシング業務のワンストップサービスを提供

【目的】管理業務／管理×【サービス事例】内見予約・反響管理ツール
事例▶イタンジ（東京都港区）
2012年6月設立

不動産業向けのサービスを手掛ける代表的な会社が、イタンジだ。

2012年に設立された同社は、日本のPropTechの先駆けとして不動産管理会社、不動産仲介会社向けに業務効率化SaaSを開発・提供する。

2021年3月、イタンジは、賃貸物件管理工数ランキングトップ50社（全国賃貸住宅新聞調べ）のうちの62%にあたる31社が、同社の賃貸システムを導入していると発表した。実際、同社は不動産会社向けに、業務特化した複数のプロダクト群を提供している。そのうちの一つである「ITANDI BB（イタンジ ビービー）」は、物件検索から内見、入居申込、契約、更新、退去手続きまでを一気通貫でサポートする、不動産リーシング業務のワンストップサービスだ。約1900店舗の管理拠点で導入、約3万5000店舗の仲介拠点で利用されている。

もう一方のノマドクラウドは、入居希望者の希望条件にあった物件情報を自動で配信する追客機能をはじめ、顧客管理（CRM）・営業管理機能、専用チャットやLINEでのコミュニケーション機能、入居希望者専用マイページの生成など、多くの機能を搭載した仲介会社向けの顧客管理・自動追客システムだ。ビデオ通話機能によるオンライン接客・内見も可能で、非対面での営業活動もサポートしている。現在、累計利用者（エンドユーザー）数は340万人で、全国の仲介会社1100拠点以上で導入されている。

さらにイタンジは、こうした不動産会社向けサービスの実績から、個人向けサービスの展開を開始した。それについては、4章で詳しく触れる。

ユーザーの「不」をアイデアで解決

【目的】仲介業務／管理×【サービス例】クレジットテック、Fintech

事例▶スムーズ（東京都世田谷区）

2019年5月設立

ユーザーの課題に対して、ユニークなビジネスモデルを展開する企業がある。2019年に設立されたスムーズだ。賃貸住宅を借りる時には、敷金や礼金など初期費用が掛かる。仮に月額家賃８万円の住宅で敷金・礼金ともにその１カ月分掛かるとすれば、仲介手数料も同額程度必要になるため、初期費用として家賃の４カ月分、つまり32万円の出費が生じる。その他にも、引っ越し費用も当然必要になるため、社会人になりたての若者には負担が大きい。

そうした初期費用を立て替えるサービスを提供するのが、個別信用購入あっせん業者であるスムーズだ。入居者は同社に立て替えてもらった費用を引っ越し終了後６カ月にわたって分割払いすればいい。サービス利用料や分割手数料は一切かからない。

「個別信用購入あっせん」とは、割賦販売法に定める個別信用購入あっせん業者（スムーズ）と役務提供事業者（不動産仲介会社）と消費者（入居者）の三者間の取り引き全体を指す。ここでいう取り引きとは、①クレジットカードを利用することなく、②特定の役務提供事業者が行う、③消費者への役務の提供を条件として、④その代金の全部または一部に相当する額を役務提供事業者に交付し、⑤２カ月を超える後払いにより受領する――という条件を満たすもの。スムーズのビジネスモデルは、この取り引きに基づくものだ。

ポイントは、不動産仲介会社との関係だ。スムーズは独自の登録基準を設け、その基準を満たす仲介会社を提携先として登録する。そしてその仲介会社に対して、借りたい物件を見つけてきた入居者を紹介する。本来必要になる分割手数料は、その対価として仲介会社から受け取る集客広告費で賄う、というビジネスモデルだ。

もちろん、提携関係にある不動産仲介会社が入居者の見つけてきた物件を取り扱うことができる、という点が前提だ。不動産の物件情報は一般に、売買物件にしても賃貸借物件にしても、「REINS（レインズ）」と呼ばれる不動産仲介会社間のネットワークに登録される。入居者の見つけてきた物件がこのREINSに登録されている物件であれば、どの仲介会社でも取り扱うことができるため、多くの場合、問題は生じない。

このように不動産仲介会社と入居者をマッチングするビジネスでは往々にして、「中抜き」が問題になりがちだ。仲介会社が集客広告費を支払わずに済ませようと、マッチング事業者を抜きにして、入居者と直接やり取りするような事態が生じ得る。

スムーズのビジネスモデルがよく練られていると思うのは、その恐れがまずないという点だ。不動産仲介会社と入居者とスムーズの三者間には、賃貸借契約、立て替え払い契約、加盟店契約という、3つの契約関係が生じている。このうち立て替え払い契約と加盟店契約という2つの契約関係によって、三者の中からその契約当事者であるスムーズを「中抜き」することはできない。ビジネスモデルとして優れた仕組みと言える。

個人ユーザーは増加しているということで、こうしたユーザーの「不（不便、不満）」を基にした事業は不動産、建設、金融の領域でまだまだありそうだ。例えば家賃保証会社や火災、家財保険会社を選ぶことはできず契約締結後もどうなっているか分からなかったり、退去時の清掃や現状回復の費用が不明確であったりと、お金にまつわる不は多い。

Smoothはマネタイズが不動産会社からであり、不動産会社にとっての集客ツールだ。サポーター型の取り組みであるが、直接顧客からマネタイズするプレーヤー型も含めて今後も新たなサービスが生まれそうだ。

グローバルチームが取り組む不動産管理のイノベーション

【目的】管理業務／管理×【サービス例】クラウド物件管理サービス

事例▶WealthPark（東京都渋谷区）

2013年設立

WealthPark（ウェルスパーク）は、不動産管理会社と不動産賃貸事業を営む不動産オーナーをつなぐ物件管理システム「WealthParkビジネス」を展開する。管理会社が業務支援サービスとして導入しクラウド上で利用する一方、オーナーに対しては専用アプリやWebサイトの利用を促し、コミュニケーションの効率化を図る。

主な機能は、収支報告書の電子化、チャットコミュニケーション機能、ワークフロー機能など。収支報告書の電子化では、時間やコストを掛けずに、システム上でその内容をオーナーと共有できるようになる。チャットコミュニケーション機能では、オーナーとの間だけでなく、社内のコミュニケーションも円滑に進められる。ワークフロー機能では、「入居募集」「修繕」「退去」「契約更新」といった節目ごとの報告・承諾手続きを漏れなく確実に済ませられるようになる。

不動産オーナーにとってみれば、自身の資産の状況を専用アプリやWebサイト上でいつでも確認できるようになるとともに、不動産管理会社とのコミュニケーションに煩わされずに済む。利便性の向上や満足度のアップにつながるツールと言えよう。

ちなみに、同社は、東京・上海・台北・香港・ニューヨークを拠点とし、12か国からメンバーが集う国際色豊かなスタートアップだ。2019年には「NYC Real Estate Tech Week」でオフィシャルイベント「WealthPark NYC」を開催するなど、海外展開にも力を入れている。

日本の住宅ローンDXを共創で目指す

【目的】住宅ローン×【サービス例】デジタルトランスフォーメーション

事例▶iYell（東京都渋谷区）

2016年設立

住宅ローンに携わる事業者向けにDXをサポートする事業を展開するのがiYellだ。SBIホールディングスのSBIモーゲージ（現アルヒ）を経て、住宅ローンのプロとして、同社を創業したのが窪田光洋氏である。

iYellは、住宅ローンを取り扱う不動産会社や金融機関向けに、マーケティング・業務支援の製品を提供する、日本における数少ない住宅ローンテック企業の一つ。歴史的な低金利に加えて、紙書類が多い住宅ローン手続きは金融機関の悩みの種で、不動産会社やハウスメーカーにとっては、いかに迅速に処理するかが住宅提供においてカギとなる。そこでiYellは、これらの住宅ローン業務を包括的に効率化する取り組みを展開する。

「iYell住宅ローンプラットフォーム」と呼ばれる事業は、①不動産会社向け住宅ローン仲介業務代行サービス「いえーるダンドリ」、②個人ユーザー向けメディア「住宅ローンの窓口」、③金融機関向け住宅ローン集客DX「モーゲージコア」、の大きく３つから構成される。

まず、いえーるダンドリは、契約顧客の住宅ローン手続きを全て代行するサービスで、既にハウスメーカーや工務店、不動産会社など2000社以上が導入している。専用アプリ上で、iYellを含めた三者間でやり取りできる。具体的には、iYellが提携した金融機関を紹介し、住宅ローン審査の手続きなどを進める。対応するのは同社の住宅ローンプロフェッショナルたちで、月間1000件以上の住宅ローン審査を処理している。これにより、不動産会社は住宅ローン対応にかかる約25％の時間を削減でき、営業活動に専念することが可能になる。

次の住宅ローンの窓口は個人向けメディアで、住宅ローンに関する総合情報サイトである。住宅ローンの借り換え相談や比較検討などができる。2018年に開設、2020年には利用者からの相談件数が3000件を突破した。

こうした住宅ローン市場全体を対象とした事業展開を支えるのは、同社の全方位的な株主構成である。筆者が運営するデジタルベースキャピタルからも投資しているが、同社はこれまでに累計41億円の資金調達を実施。2020年11月には全国の地方銀行や大手不動産会社を引き受け先とした20社から18億5000万円の資金を調達している。住宅ローン業務全体のDXの担い手として、株主を含めた体制作りをしている点が特徴的だ。

さらに、同社は企業カルチャーにも力を入れている。この点については、PropTechというカテゴリーに限らず、スタートアップ全体で見ても非常に珍しい。そのiYellの企業カルチャーについては、本章の終わりの特別コラムで紹介する。

既存事業者側のデジタル化が進むことにより、データの集積、与信の高度化などクレジットテック文脈での取り組みが今後加速されそうだ。

PropTechの台頭でさらに増える事業機会

ここまで、PropTechにおける「プレーヤー型」「サポーター型」の大きく2つのタイプ別に、国内外のPropTech事例を見てきた。一口にPropTechと言っても、多岐にわたる製品やサービスが提供されていることを感じていただけのではないだろうか。

米国では、いくつもの会社がユニコーン（未上場で時価総額が1000億円超）となり、さらには1兆円の大台を突破する事例も出てきている。そして、それらの企業のほぼ全てがこの10年の間、あるいは5年程度の間に設立されたばかりの若い企業なのだ。スタートアップには向かないと思われた、このリアルな市場が急速な勢いで変化を遂げている。

その一方で、顧客の課題が存在する限り、事業機会はまだまだ眠っている。新たなサービスの台頭によって、さらに必要になる事業もあるだろう。賃貸オフィスに加えて、PropTech型のサービスオフィスの普及により、通常の貸し事務所もWeWorkのようなオフィスも含めて検索できるオフィス検索や契約サービス、個人の不動産投資家向けオンライン融資サービスなど、さまざまな事業展開が予想される。

・ユーザー、利用者の価値観、行動の変化（新型コロナウイルスの感染拡大やPropTechサービスの浸透など）
・規制、ルールの変更（規制改革、規制緩和）
・テクノロジーの進展（AI、VR、3Dなど）

これらの交差や誕生の前後には、必ず新たな事業が生まれている。不動産、金融、建設は、全ての人にとっての手段であり、何らかの目的と連動して必要となる。なくなることは絶対ないため、今後も最適化を目指して国内外での取り組みが増えていくだろう。

コラム

キーパーソンに聞く

テクノロジーで不動産の「不」を解消する

GA technologies 代表取締役社長 CEO　**樋口 龍**氏

Q

樋口さんは現在、「テクノロジーで不動産ビジネスの変革に取り組む」とする、GA technologies 代表取締役社長 CEOとして活躍されています。まず最初に、現在の事業内容について教えてください。

A

当社は「テクノロジー×イノベーションで、人々に感動を。」を企業理念に掲げ、不動産を中心にX-Tech領域のビジネスに取り組んでいます。

個人向けには、不動産テック総合サービス「RENOSY（リノシ）」を通じて、「借りる・買う・売る・貸す・投資する」といった、住まいにまつわるあらゆるサービスをワンストップで提供しています。

一方、法人向けにはグループ会社を通じ、SaaS（ソフトウエア・アズ・ア・サービス）の一環として不動産業務支援サービスを展開しています。直近2020年度の連結売上高は、コロナ禍の厳しい状況にもかかわらず、前年比61％増の630億円を達成しました。

Q

GA technologiesの創業の経緯と、このPropTech事業に着目したきっかけは、どのようなものだったのでしょうか。

A

私自身は、サッカーの育成選手、不動産営業を経て2013年に起業しました。ただし、創業時から今の事業を意図していたわけではなく、当時は面白いアイディアを探しては失敗を繰り返す日々でした。

そんなある日のこと。米国のシードアクセラレーターであるY Combinator（ワイ コンビネーター）の創業者、Paul Graham氏の「新規事業を成功させるためには、プロダクトアウトではなく、マーケットインだ」という言葉に触れ、ハッと気づかされたのです。

この言葉はすなわち、「アイデアを探しているうちはダメで、目の前にある問題に目を向けろ」と教えてくれています。そこで私は、不動産営業の経験から、改めて不動産の現場に目を向けました。

すると、そこは、解決しなければならない課題（＝「不」）だらけでした。そこから、不動産の「不」の部分をテクノロジーで解消するという、いまの発想に至ったのです。

樋口 龍（ひぐち りょう） 1982年生まれ。幼い頃より世界的なサッカー選手を目指し、ジェフユナイテッド市原（現J2）に育成選手として所属。24歳の時に夢を諦め、不動産会社へ就職。「巨大なマーケットを形成しながらもアナログな不動産業界にテクノロジーで革命を起こす」と志し、2013年に株式会社GA technologiesを設立。創業時から中古不動産の流通事業を展開。現在はテクノロジーを活用した一気通貫の不動産流通プラットフォームの構築を中心に、データドリブンでユーザー利便性の高い不動産取り引きを目指す。また、グループ会社を通じて自社開発の不動産業務支援システム（SaaS）を販売し、不動産業界全体のDXに取り組む。

Q

事業の将来ビジョン、そして目標について教えてください。

A

私たちが運営する不動産テック総合ブランド、RENOSYは、AI（人工知能）やRPA（ロボティック・プロセス・オートメーション）などのテクノロジーを活用した各種サービスを通じて、これまでにない不動産体験を提供しています。

例えば、家を借りたい人は、不動産屋さんに行かなくても、即セルフ内見を実施し、即入居申し込みができます。マンションを買いたい人は、東京都心の中古分譲マンションを中心に15万棟以上の物件情報を掲載するマンション情報データベースや独自アルゴリズムのAIが提案する各種情報を活用して、自分にピッタリの物件を探し出せます。逆にマンションを売りたい人は、AIが売却価格を瞬時にオンライン査定し、リノベーションや各種契約手続きなどの不動産取り引きを一気通貫で提供します。

こうしたRENOSYを、将来的にはモノや証券のように「世界中の人たちが地球上の不動産を自由に取り引きできる」、不動産のマーケットプレイスへと進化させていきたいと考えています。

私たちはこれまで、取り引きのオンライン化や一気通貫のビジネスモデルによって、「面倒で分かりにくい」とされてきた不動産取り引きの「不」の部分を一つひとつ取り除いてきました。今後は、誰もが安心して自由に取り引きできる不動産のマーケットプレイスを介して、資産の運用と居住の自由を加速させていきたいと考えています。

Q

日本の不動産や建設市場の可能性や課題について、樋口さんは事業をするお立場からどのように考えていますか。

A

不動産と建設は合わせて100兆円ほどの巨大な市場規模を持ちながら、テクノロジー化が遅れている最後のレガシーマーケットです。

この背景には、事業者の大多数がまちの不動産屋さんや工務店さんという中小企業だったために、テクノロジーの導入が難しかったということがあります。しかし、労働人口の減少や、何よりも新型コロナウイルスの流行を契機に、テクノロジー化の波が一気に押し寄せてきました。

政府についても、テレビ会議などのIT（情報技術）を活用して賃貸借契約における重要事項説明を実施する、いわゆるIT重説をはじめ、各種電子契約など、デジタル技術を活用した不動産取り引きの実現に向けて法改正を進めています。このように、不動産業界にはまさにいま、20年ぶりのパラダイムシフトが訪れているのです。

Q

読者の方にメッセージをお願いします。

A

20年前のインターネットビジネスに起きたようなことが、いま、不動産や建設の世界でも起こり始めています。そんな中、私たちGA technologiesは、不動産の「不」を解消し続けることで、皆さん一人ひとりの暮らしを変えていきます。

不動産業や建設業に携わる皆さん、今変革を起こし、次のスタンダードを私たちと一緒に創っていきましょう。

特別コラム

iYellが目指すのは「応援し合う地球」の実現

スタートアップ、特に創業間もない企業は、PropTechに限らず、ハードワークである場合が多い。中国では、午前9時から午後9時まで週6日間働く「996」などと呼ばれたりする。

さらに組織運営においては、30人／50人／100人の壁と呼ばれる、いわば成長痛のようなハードルがある。筆者が見聞きしているだけでも、多くの成功例や失敗例があり、日々経営者／経営陣は試行錯誤をしながら取り組んでいる。

こうした中、第2章で取り上げた、住宅ローンスタートアップのiYellはスタートアップ業界でも非常に珍しい特徴を持つ。それは離職率だ。これまでほぼゼロで、2019年には2年8カ月で離職率ゼロのまま従業員数で100人を突破した。その後も、同社は成長を続け、多くのメンバーたちが活躍している。

そんな、同社代表取締役の窪田光洋氏に話を聞いた。

Q

事業を行う上で、iYellが目指していることを教えてください。

A

当社では、「応援し合う地球へ ～ chain of Yell ～」というビジョンの下、かかわる全ての人の夢や幸せを応援しています。

人から応援されると、その人のために頑張ろうと思えたり、達成した際に一緒に喜べたりします。応援された経験というのは、誰にとっても嬉しく幸せなものだと思います。

そんな幸せを、当社から日本、さらには地球全体に広げるため「隣の人の夢を応援する」というミッションを掲げ、地球上の全ての人が応援し合い、幸せになれる世界の実現を目指しています。

Q

具体的には、どのような事業を展開しているのでしょうか。

A

先ほど言ったビジョンやミッションの下、当社では住宅ローンプラットフォーム事業を展開しています。

住宅ローンは1000以上の種類があり、その中から最適なものを選ぶことはとても難しく、選び方を間違えると、人によっては数1000万円の損をすることがあります。

そこで当社では、住宅ローンを組む際の疑問などに対して住宅ローンのプロがサポートしながら、テクノロジーを活用して全ての人に最適な住宅ローンを提供しています。

このように、ユーザーの課題を解決するサービスを提供することで、まずは、私たちから全ての人の幸福や夢を応援し、ビジョンである「応援し合う地球」の実現を目指しています。

Q

よく言われる、30人／50人／100人の組織の壁と呼ばれる試練は経験しましたか？　何か気をつけたことや取り組んだことなどがあれば教えてください。

A

実は、そうした「○人の壁」という試練は、経験したことがないんです。なぜなら組織の規模が30人になる前に、「文化を作る部署」を先に設けたからです。これに対し、周囲のいろんな人から「普通は、そんな事は後回し。先に営業だ」と言われました。しかし私は、社員みんなで大切にすべきこと、さらには価値観や社員間での交流といったことをとても重視しており、140人を超えたいまでも壁は全く感じていません。

そのため、採用活動でも私たちの文化や価値観にフィットするかどうかを最も重視しています。弊社では採用エントリーを受け付ける際にも、私たちが大切にしている価値観に関する問題をWeb上で回答してもらい、正解しないとエントリーできない仕組みになっています。こうした取り組みも、当社が文化を大切にしていることがお分かりいただけるメッセージの一つです。

他にも文化を大切にしているメッセージの一つとして、2020年には、社の文化を体系的にまとめた冊子『COMPASS』を作成しました。ビジョンが「応援し合う地球へ ～chain of Yell ～」ですから、本冊子でも、地球や宇宙をコンセプトにしたデザインを採用。当社のビジョン・ミッション、経営理念、文化戦略、事業戦略などに加え、専門の外部コンサルタントを招いての社員インタビューや全社員の体験談などを織り交ぜてまとめました。制作には1年半の月日をかけた144ページの大作。「COMPASS」の名の通り、全社員が迷ったときや困ったときに開く指針のように使われています。

このようにiYellでは一貫して文化を大切にしており、この文化こそが当社の最大の特徴と言えます。

第3章

PropTechを支えるテクノロジー

PropTechでは、その言葉の通り「テクノロジー」が重要な役割を果たす。PropTechを構成するテクノロジーを本章では見て行きたい。また、ITのテクノロジー以外にもPropTechを構成する上で重要なトレンドや概念についても触れておきたい。

どのようなテクノロジーが利用、活用されているのか。実務上はどのような課題があるかといった点について紹介する。

AI（人工知能）

不動産価格の推計や査定に活用

不動産×AIという組み合わせは、PropTechの代表格の一つ。不動産価格の推計や査定にAIの力を活用する例が続々と登場している。

価格の一つは、売買価格である。2章で紹介したGA technologies（東京都港区）が「高く」「早く」売る仕組みとして提供する「RENOSYスマート売却」のスピードAI査定が、その一例だ（**図3-1**）。対象エリアは東京圏。RENOSYスマート売却のWebサイト上で、マンション所在地、マンション名、部屋番号、階数、専有面積、竣工年などを入力・送信すると、査定結果を無料で得られる。

AIに機械学習させるデータは、GA technologiesが独自に収集した中古マンションの取引に関するデータから、価格決定に強く影響するものとして抽出した「特徴量」だ。そのデータを基に高精度の査定を実現するという。

機械学習の分野では、推定結果の精度を表す指標として「MER（誤差

図3-1　GA technologiesが提供する「RENOSYスマート売却」。AI査定を導入し、「高く」「早く」売る仕組みを構築した。〔GA technologiesの決算説明資料（2021年3月15日）を基に本書作成〕

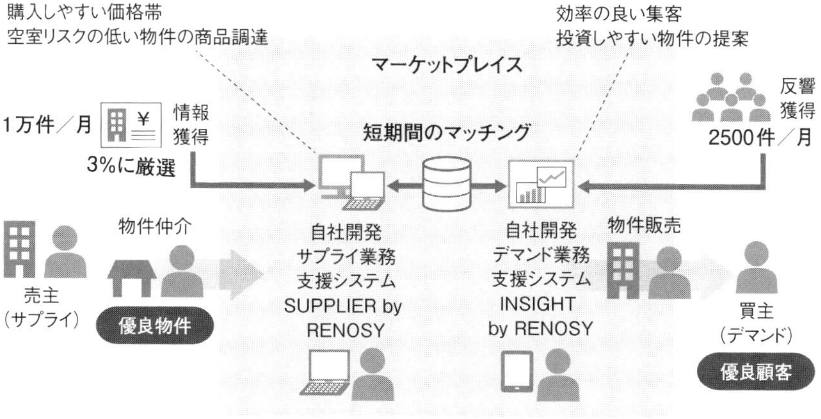

率中央値)」という数値が利用される。誤差率とは、AIによる推定価格と直近の実際の取引価格との差である誤差を実際の取引価格で割ったもの。その中央値を取る。

例えばMER５％ということは、AI査定の対象である物件の半分は誤差率５％以下で価格を推定できていることを意味する。誤差が小さいほど精度は高いから、MERも小さいほうが高精度ということになる。「RENOSYスマート売却」のMERは2019年８月時点で5.35％となっている。

AI査定システムを提供する狙いは、他の無料査定と同様マーケティングの意味合いが強い。不動産仲介会社にとっては、売り手と媒介契約を取り交わすことが業務の第一歩。所有するマンションの価値が手軽に分かるということを呼び水に、将来の売り手をできるだけ多く集め、接点を持っておくことが、何より重要なのである。

賃料もAI査定の対象になる。賃貸アパートを多く管理する会社がAI査定システムの開発に乗り出している。

例えばレオパレス21は2018年２月、AI技術の研究・開発・サービス提供を手掛けるAI inside（東京都渋谷区）と共同で賃料査定システムを開発し、その導入を開始した。自社で管理する物件の賃料を機械的に算出できるようになり、これまで適正賃料の設定に向け人間が担当してきた情報収集などの業務が不要になる。その結果、コスト削減が見込まれるほか、浮いた時間を顧客サービスの向上に振り向けられるようになる見通しだ。

活用するデータは、自社で蓄積してきた賃料データや賃料設定に影響を与える各種データなど。これらのデータをディープラーニング（深層学習）技術を用いて学習させることで、査定対象の物件が本来持つ価値やレオパレス21独自の強みまで反映した賃料の算出が可能になるという。

先行したレオパレス21に続き、大東建託も2019年6月、東京大学空間情報科学研究センター（CSIS）不動産情報科学研究室と共同で家賃査定システムを開発し、2020年度本格導入に向け試験導入を開始した、と発表した（**図3-2**）。同社では、類似物件の情報収集とデータ解析を全国約1000人のスタッフで賄っていたが、その業務をAI活用の査定システムに任せることで、業務時間の大幅な軽減を図る。また家賃設定に明確な根拠を持たせることで、顧客である不動産オーナーに安定経営に向けた安心感を提供する狙いだ。

賃料のAI査定は不動産業界向けサービスとしても提供されている。その具体例が、スマサテ（東京都目黒区）が提供するAI賃料査定システム「スマサテ」である。

同社で扱うデータ量は約750万戸分。協力関係を築く不動産管理会社から収集した賃料データ等を解析に活用しているという。MERは2.9%と、「業界最高水準」の精度をセールスポイントに掲げている。

投資用不動産の将来収益を予測

AI査定システムを利用しているのは不動産売買・賃貸仲介の領域だけではない。売買価格と賃料を同時に推計することで想定利回りを算出できることから、不動産投資の領域でも利用され始めている。

マンションや戸建て住宅の開発・分譲を手掛けるコスモスイニシアが不動産投資家やCRE（企業不動産）の担当者向けに提供するのは、投資用不動産AI診断サービス「VALUE AI（バリューアイ）」である。投資用不動産を一元管理し、賃料変動、売却価格、空室率などの予測値を基に、将来の収益をシミュレーションするサービスだ。PropTech企業の一つ、リーウェイズが投資用不動産の将来収益を予測するシステムとして提供す

図3-2　大東建託と東京大学CSIS不動産情報科学研究室で共同開発した、AIを活用した家賃査定システム。蓄積されたデータに対して、家賃査定対象物件の最寄り駅や広さ、築年数などの情報を入力すると、個別状況を加味した適正家賃を決定する。スタッフの業務時間の大幅軽減につながる。（大東建託のホームページを基に本書作成）

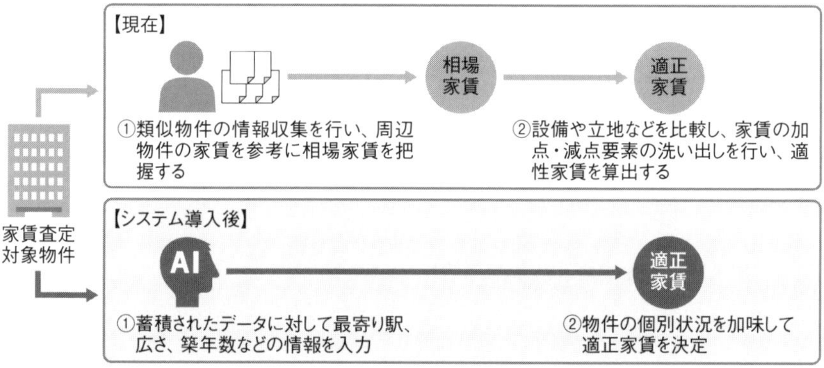

る「Gate.（ゲイト）」を基に、自社の投資用不動産事象で培ったノウハウを掛け合わせ、独自に開発した。

このサービスは、不動産売買におけるAI査定システムと同じく顧客に対して無料で提供するもの。収益シミュレーションによって、表面利回りに惑わされることのない投資判断を助ける。コスモスイニシアとしては、そうした支援を通じて新規の顧客を獲得していく狙いと考えられる。

業務支援やリスク分析にも活用

不動産価格の推計・査定の他にも、AIの活用には業務支援やリスク分析といった事例がみられる。

賃貸住宅のオーナーや管理会社向けに業務支援サービスとして提供するのは、米国のPropTech企業の一つであるElise A.I. Technologiesだ。サービス名称は、「Elise（エリーゼ）」。住宅を借りたいという人からの連絡に対してメール上で返信したり内見のスケジュールを設定したりする。２章で紹介したPropTech企業の一つ、イタンジが提供する「ぶっかくん」「内見予約くん」と似たようなサービスだ。

同社の顧客が保有・管理する賃貸住宅は10万戸規模に上るというから、それなりに実用化はされていると想定される。

米国には損害保険会社向けにリスク分析サービスを提供するPropTech企業もある。航空写真のデータやハザードマップのような災害危険度データなどを基に、自然災害で被害を受ける危険性を建物ごとに分析するサービスだ。

推計・査定の精度を上げるには豊富なデータが必要

現状、AI活用の柱が不動産価格の推計・査定であることは間違いないが、そこにおいても課題はある。AIに学習させる価格データを十分に収集できるかどうか、という点である。学習効果を考えれば、データが多ければ多いほど、推計・査定の精度は高くなる。高精度を打ち出せるだけの豊富なデータを収集できるのかが問われる。

売買価格の査定にAIを用いる先行例としては、米国で不動産ポータルサイトを運営する米Zillow（ジロー）が提供する「Zestimate（ゼスティメイト）」と呼ばれる価格査定アルゴリズムが知られている。MERは1.9%と、極めて高い精度を誇る。その裏にはやはり、豊富なデータがある。同社で保有する住宅のデータは1億1000戸以上。このうち9750万戸以上についてZestimateを用いて価格を査定しているという。

Zillowの強みは、不動産ポータルサイトとして膨大な数の物件情報を保有している点だ。しかも、価格査定で最も重要な成約価格、つまり実際に取引が成立した価格に関するデータも、公開情報として手に入れられている。

ところが日本では、この成約価格のデータを入手することが困難だ。

一般に誰もが入手できる価格情報とは、売り手側の希望価格。実際には、この価格を起点に交渉を始め、取引が成立するとすれば、それを下回る価格に落ち着くのが普通だ。つまり、売り手側の希望価格に成約価格の代わりは務まらない。

成約価格のデータが蓄積される仕組みは国内でも整備済みではある。2章でも触れた「REINS（レインズ）」と呼ばれる不動産流通情報のネットワークだ。しかしそのデータを利用できるのは、東日本・中部圏・近畿圏・西日本の各不動産流通機構の会員である不動産仲介会社に限られる。しかも、全ての取引がこのネットワークで扱われるわけではないため、国内で取引される不動産のデータを全て把握することはできない。

そのため、不動産仲介会社はともかく、AI技術の研究・開発を手掛ける会社では、価格査定に向けたアルゴリズムを開発することはできても、機械学習・深層学習に必要なデータは入手できない。PropTech企業が価格査定システムを単独で開発する場合、必要なデータをWebサイトからのスクレイピングで用意せざるを得ないのはそうした事情からだが、先ほど説明したように、それによって収集できる情報は売り手側の希望価格でしかないため、価格査定システムとしては完全なものとは言えない。

こうしたデータ収集面の課題が、売買価格の査定システムをマーケティングのツールにとどめている一因と考えられる。データの制約が、システムの実用化に大きな壁として立ちふさがっているのである。

ただ賃料の査定システムになると、話は別だ。成約価格のデータを握る不動産管理会社がAI技術を持つPropTech企業や研究機関と共同で価格査定システムを開発することがある。先ほど紹介したレオパレス21や大東建託の例がそうだ。

また２章で紹介したPropTech企業のestie（エスティ）のように、貸し手である大手デベロッパーの協力を得て賃貸オフィスビル情報のプラットフォームを構築し、そのプラットフォーム上に独自のアルゴリズムに基づく推定賃料を掲載している例もある。

共通するのは、AIを用いた賃料査定システムを開発しようとするモチベーションが成約賃料の情報を持つ不動産管理会社や大手デベロッパーの側にも働くという点だ。

それぞれの事例を紹介する中で触れたように、賃貸物件で賃料を設定しようとするとき、必ずしも明確な根拠があるとは限らない。貸し手側の関係者に聞くと、営業マンが経験や勘を頼りに決めている例も少なくないという。

しかし会社組織としては、それでは困る。

例えば保有ビルの利回りに関して全体最適を図るには、各ビルの賃料設定をどのようにすべきか、本来なら何らかの根拠がほしい。いったん下げてしまった賃料を上げるのは苦労が伴うだけに、空室だからと言って簡単には下げるべきではないことを考えると、経験や勘を頼りに決めるのは危ない。

だからと言って、賃料に関する膨大な情報をかき集め、それを分析したうえで適切そうな賃料を設定するという作業を、人手でこなすには労力も費用も掛かりすぎる。ここに、AIを用いた賃料査定システムを開発しようとするモチベーションが不動産管理会社や大手デベロッパーの側に働く理由がある。

つまり、賃料の査定システムについて言えば、それは業務支援という側面を持つ。それが、成約賃料のデータを持つ側がシステムの開発に協力する動機になる。賃料査定システムに限って言えば、その精度は今後、ますます上がっていく可能性が見込める。

不動産情報の一元化と共有がAI活用を促進

不動産×AIの領域は今後、さらに広がることが予想される。ただそれには、不動産に関する情報が、もっと幅広く共有される必要がある。

まずは建設関連のデータとの連携である。その建物がどのような部材でどのように組み立てられているのか。完成後、いつどのような改修工事を施したのか。建物の履歴を追える情報があれば、建物の価値を推計しやすくなる。中古戸建て住宅は価格査定上、築20年ほどでその価値は失われるのがこれまでの慣例だが、こうした情報を不動産関連のデータと連携させることができれば、悪しき慣例は改まる可能性もある。

こうした情報の一元化に向けて、私たちは一般社団法人不動産情報共有推進協議会を立ち上げ、建物にID（識別子）を付与するという取り組みを始めている。一つひとつのIDに対しては、建設関連のデータ、流通段階の取引価格、賃料、改修履歴などを、一元的に関連付けるという取り組みだ。

もちろん、ハードルは非常に高い。しかし不動産に関する情報の一元化と共有を図ることができれば、そこにAIをもっと活用できるようになり、その結果として、付加価値の高いサービスを生み出せるようになる。将来に向けたインフラ整備と言える。

こうしたインフラが整備されれば、AI技術に長けたスタートアップやベンチャー企業はこれまで以上に活躍の舞台を広げられるようになるはずだ。私たちのようなPropTech特化型ベンチャーキャピタルにとっては、そうした会社が生まれ育つことが、何より重要なこと。目標達成に向け、挑戦を続けたい。

VR（仮想現実）

住戸内部を3D画像で確認する内見サービス

VR（仮想現実）技術を用いた内見サービスはPropTechの象徴のような印象を受けるが、実際には、こうしたサービスを提供している会社は限られる。全世界ではいま、不動産系ベンチャーが毎月20～30社、資金調達しているというデータがある。私たちは仕事柄、それらの会社のビジネスモデルを「見える化」してきているが、その結果を見渡しても、VR技術を活用したものはほとんど見られないのが実情だ。

その理由の一つには、必要なデータの取得・保管にコストが掛かるという点がある。

必要なデータとは、物件内部の3次元（3D）データである。その取得には、3Dカメラや3Dスキャンが必要で、しかも撮影・スキャニングは人間が操作しなければならない。そこにコストが掛かる。しかも、それらのデータは容量が大きく、保管するにも莫大なコストが掛かる。これまでにないような圧縮技術が開発されれば保管コストの削減に役立つだろうが、その可能性は現段階では見込めそうにない。

しかも莫大なコストを投じて3Dを取得・保管し、VR技術を用いた内見サービスを提供したとしても、その効果は限定的だ。物件内部の様子がリアルによく分かるというのは、何か価値がありそうでいて、すぐにそれを顕在化できるわけではない。そのような中で、3D内見ツールとしてグローバルで圧倒的な実績を誇るのが米国のMatterportだ。同社は複数のレンズが付いたカメラを販売し、カメラの取得する360°データをクラウドで連携する、ハードとソフトを融合したサービスを提供している。このカメラを使えば、部屋の隅々から、ズームアウトして間取り全体を上から見回すまで自由自在に空間を見ることができる。

2011年に設立された同社は、これまで150カ国で数100万件の建物を3D化しており、今年SPACによる合併でNASDAQに上場する予定だ。時価総額はおおよそ3000億円規模になる見込みである。

3Dツールは一般的になってきたため、データベースを先に構築した企業がさらに優位になるだろう。中国の不動産仲介におけるPropTechではこうした3Dサービスはごく一般的になってきている。

IoT（モノのインターネット）

労務管理にも生かせるスマートロック

IoT関連の製品・サービスは大きく3つに分かれる。一つ目は、スマートホームやスマートビルのようなIoT化された建物。二つ目は、建物内でモノ同士またはモノと建物をつなげるIoTツール。そして三つ目が、IoTツールが取得する各種のデータを活用したサービスの提供だ。製品・サービスの種類は豊富である。

ここでは、IoTツールの中でも主力のスマートロックを取り上げる。スマートロックとはスマートフォン（スマホ）などの通信機器で開閉・管理可能な錠のこと。入退室管理システムと言ってもいい。

国内には、この分野を代表する2つのPropTech企業がある。

一つは、「キーレス社会を実現し、もっと自由な世界を創りたい」と事業への想いを持つ河瀬航大が創業したフォトシンス（東京都港区）。「Akerun」という入退室管理システムを提供している。もう一つは、「bitlock」シリーズを展開するビットキー（東京都中央区）である。ともに、既存のドアに後付けで設置できるもので、スマホや交通系ICカードでドアの施錠・解錠ができるうえ、クラウド上で入退室履歴の管理も可能だ。

この2社はビジネスモデルに若干の違いがみられる。フォトシンスをはじめ先行企業は高単価・高付加価値の製品・サービスを提供し、入退室履歴管理などの機能やセキュリティーの高さなどで競っていた。そうした中で後発のビットキーは、サブスクリプション型のビジネスモデルで参入。初期費用を無料に設定し、月額料金の安さで勝負を挑んできた。

利用者の中心は、法人だ。オフィスや会議室の出入り口などにスマートロックを設置するという後付け型が多い。入退室履歴管理などさまざまなデータを蓄積し、労務管理などに生かせるという機能も評価されているのだろう。

不動産管理会社の内見対応はカギの受け渡し不要に

法人需要としては、不動産管理会社の利用も見込まれる。

不動産管理会社はこれまで自社で管理する空き住戸に内見予約が入ると、内見希望者を連れて来る不動産仲介会社に住戸のカギを事前に渡し、内見に対応してきた。仲介会社からすると、事前にカギの受け渡しが必要なため、内見対応には手間が生じていた。

そこで住戸の錠をスマートロックに替えれば、不動産管理会社は仲介会社に事前にカギを渡さなくても、内見に対応できるようになる。仲介会社からすると、内見希望者を現地にすぐ連れて行くことが可能になる。単純に考えれば、不動産管理会社の間でスマートロックの利用が広がってもおかしくない。

ところが現実には、スマートロックのそうした利用は、それほど伸びていない。それは、カギの受け渡しで余計な手間が生じないように、現場では工夫しているからだ。例えば消火栓扉の内側など「隠し場所」をあらかじめ決めておき、そこにカギを置いておくというのが、ごく一般的だ。アナログな対処法で課題解決を図っているのである。

不動産管理会社からすると、スマートロックを導入すると、かえって手間が増えて面倒という評価もあるだろう。カギのアクセス権限を付与する不動産仲介会社の担当者が何人もいる中、権限を適切に管理しなければならない。

もちろん、アナログな対処法では、隠しておいたカギがなくなる恐れもあるし、隠し場所を忘れてしまう危険もある。内見を終えてから、不動産仲介会社の担当者が施錠し忘れるというリスクも考えられる。

その点、スマートロックは安心だ。仮に施錠し忘れたとしても、複数のスマートロックを集中管理できる仕組みだから、不動産管理会社側で確認し、施錠し忘れには個別に対処すればいい。スマートロックを導入したほうが明らかに合理的かつ効率的だ。

それでも、不動産管理会社からすると、これまでのようなアナログなオペレーションに慣れてしまっている。スマートロックを利用したデジタルなオペレーションに移行することに対しては、心理的な抵抗が強いのだろう。

交通系ICカードに自宅や会社などのカギ機能搭載

こうした不動産管理会社の需要は別として、一般的な法人需要を考えると、普及に向けた課題は大きく２つ指摘できる。開閉トラブルとセキュリティーだ。

開閉トラブルとは、何らかの原因で施錠・解錠できなくなることをいう。原因として挙げられるのは、例えばバッテリー切れ。スマホ側でそうなる場合もあれば、スマートロック側で電池切れになる場合もある。それ以外、システムエラーで施錠・解錠できなくなることもある。こうなると、落としたりなくしたりするリスクはあるにしても、物理的に施錠・解錠する通常のカギのほうが安心ということにもなりかねない。

セキュリティーは、IoT関連全般に共通の課題だ。インターネットにつながっている以上、ハッキングされてしまうリスクは今後ますます高まるに違いない。

例えば住宅で考えてみよう。

ハッキングは遠く離れた場所、例えば地球の反対側に位置するブラジルからであっても可能だ。そこの場所にいなければいけない空き巣と異なり場所の制約がない。スマートロックをハッキングしたからと言って、何かモノを盗むことはできないが、例えば家電製品を乗っ取れば、火災が起きやすい環境を生み出すなど、他のダメージを与えることは容易に可能だ。

こうした課題を抱えながらも、一方では将来展開も検討されている。スマートロック業界で話題になっているのは、「ID化」という発想だ。フォトシンスでは2020年８月、その発想を具体化するプラットフォームとして、アクセス認証基盤「Akerun Access Intelligence」を構築したと発表している。

アクセス認証基盤とは、日常利用している交通系ICカード、スマホ、社員証など、利用者固有の「物理ID」と、メールアドレスや電話番号などの「デジタルID」を組み合わせた情報を、「Akerunユーザー ID」として登録するもの。それによって、「物理ID」である交通系ICカードやスマホなどに対して、Akerunを用いた指定のスマートロックへのアクセス権限を付与できるようにする。

「物理ID」として交通系ICカードを利用している場合、それ一つで、自宅の玄関ドアの施錠・解錠、会社オフィスの入退室、訪問先企業のセキュリティー、出張先ホテルの部屋の解錠、全てに対応できるようになる。もちろん、全てのセキュリティーがAkerunで管理されているという前提だ。

交通系ICカードはいま、さまざまな交通機関を利用できるようになり、決済手段としても一般的になりつつある。そこに、さまざまな建物の「カギ」の機能も加わるということだ。ハッキングや情報流出というセキュリティー上の課題は依然として残るが、移動も決済もカード１枚で手軽にできるようになる魅力は大きい。

ロボティクス

清掃ロボットで建物メンテナンスの履歴を蓄積

最近は、オフィスビルや商業施設など建物内でのロボット活用も進んできた。受付に立つコミュニケーションロボットや清掃ロボットなどの業務支援ロボットが、その一例だ。活用の現場がプロパティーであることから、ロボティクスもPropTechの一つと言える。

ただ、ロボット活用は省人化にはなるものの業務そのものをなくすものではないという点で、大きな変革をもたらすものではない。それまで人間がやってきたことをロボットに置き換えようという発想にすぎない。

そこで重要になるのは、業務の担い手をロボットに移行させるだけではなく、データを取得すること。例えば清掃ロボットであれば、どの場所をどの程度清掃したかというデータを残すことができるはず。それを建物メンテナンスの履歴として蓄積しておけば、例えば建物の価値を推計するとき、そのデータを生かすことができそうだ。

課題は、スマートホーム同様、セキュリティーだ。ハッキングされ、悪用されてしまうと、事故や災害を招きかねない。さらにもう一つ、ロボット活用が完全な省人化につながるのかという点もある。

例えばオフィスビル内の巡回・警備にドローンを活用したとしよう。それでも、盗難に遭うなど外部から侵入した者に犯罪行為を許した場合、誰が責任を負うのか、という問題が生じる。ドローンが求められた職務を果たしていたのなら、巡回・警備にあたっていたのが、ドローンであろうが警備員であろうが、どうしようもない。しかしドローンがどこかに衝突し墜落してしまい、巡回・警備が十分でなかったというとき、どうなるか――。

警備会社としては、そのような事態は避けようとバックアップ体制を敷く。そうなると、ドローンだけではなく、警備員を交えた混成チームを編成し、巡回・警備にあたらざるを得なくなる。省人化は図れるが、期待したほどの効果は得られない恐れはある。

また建物側との連携も課題として挙げられる。例えば清掃ロボットにしても、本来であれば、フロアをまたいで稼働させられるといいだろうが、現状、ロボットは単独ではエレベーターを利用できない。エレベーターホールでもエレベーターのかご内でも、ボタンを押して行き先を意思表示することができないからだ。ロボットとエレベーターという建築設備との連携を図ることが求められる。

PropTechとしてのロボット活用は、実態として目に見えるものであることから、取り組みを打ち出しやすい。それだけに将来有望そうに見えるが、課題は決して少なくない。今後どこまで広がっていくか、先行きはまだ見通せない状況だ。

ブロックチェーン／
セキュリティー・トークン・オファリング（STO）

多くのプレイヤーが関与するからこそ生きてくる

ブロックチェーン（分散型台帳）の技術は、PropTechの領域でも利用されている。この技術の強みは、複数の関係者の間で情報を共有・管理できる一方で、その内容を改ざんできないという点にある。それだけに、多くのプレイヤーが関係する不動産や建設の世界でこそ生きてくる技術とも言える。

活用の方向性としては例えば、不動産売買の契約実務や情報管理が挙げられる。その一つが、「スマートコントラクト」と呼ばれるブロックチェーン上での契約行為だ。あらかじめ定義された条件に基づくため、第三者を介することなく、自動的に行われる。そこに、時間短縮やコスト削減といった業務上の効果がうたわれる。

デジタル証券で新たな投資機会を創出

ブロックチェーンと並んで話題性があるのは、セキュリティー・トークン・オファリング、STOである。この「セキュリティー・トークン」とは、いわゆるデジタル証券を指す。STOとはすなわち、そのデジタル証券を用いた資金調達のことだ。国内でも実用化が進み、具体事例が出始めている。

その一つが、不動産ポータルサイト「LIFULL HOME`S」を運営するLIFULL（東京都千代田区）とデジタル証券プラットフォームを提供するSecuritize Japan（東京都中央区）が、協業し提供する不動産特定共同事業者（不特法事業者）向けSTOプラットフォームである（**図3-3**）。資金調達を行うのは、エンジョイワークス（神奈川県鎌倉市）が手掛ける「葉山の古民家宿づくりファンド」というプロジェクト。同社は不特法事業者としてクラウドファンディング事業を展開している。

このプロジェクトをSTOとして仕掛ける一番の狙いは、投資家からの出資持ち分に流動性を持たせることだ。

通常、不動産特定共同事業の出資持ち分は、譲渡時の手続きが煩雑であることから、事実上、売買できない。その結果、投資家は投資対象として検討しにくい。

しかしSTOプラットフォームを構築すると、エンジョイワークスは投資家からの出資に対してセキュリティートークン（ST）を発行することになり、そのブロックチェーン上のSTはスマートコントラクトによって売買可能になる。

具体的には、出資した投資家は自らの持ち分保有を第三者の介在なしに証明できる一方で、それを暗号資産と引き換えに別の投資家に確実に譲渡できるようになるのである。STを発行することによって、持ち分譲渡の利便性と安全性が高まるわけだ。

図3-3　LIFULLとSecuritize Japanが提供する不動産特定共同事業者向けのSTOプラットフォーム。エンジョイワークスはこのプラットフォームを活用し、不特法事業者としてクラウドファンディング事業（募集サイト「ハロー！RENOVATION」）を展開している。（LIFULLのホームページを基に本書作成）

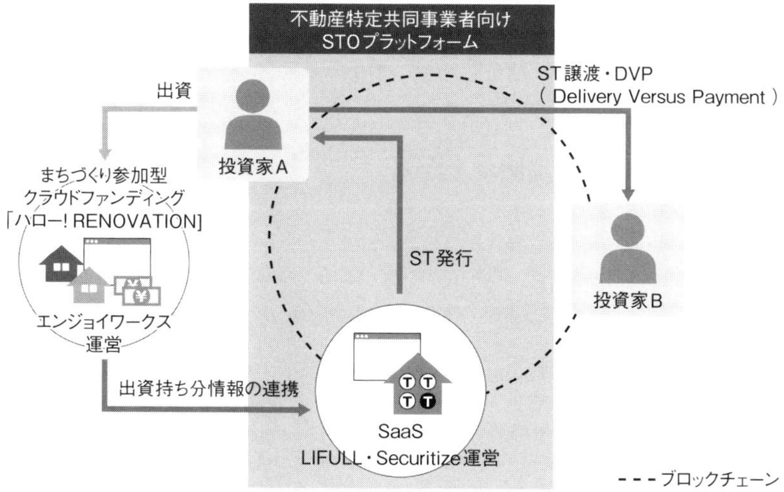

こうしたデジタル証券の市場が確立されていくと、不動産投資のバリエーションはこれまで以上に広がり、新たな投資機会を生み出せるようになる。

課題は、他の不動産投資と同じように、投資判断に必要な情報の透明性をどう確保するかという点に尽きる。J-REIT（不動産投資信託）の市場が機能しているのは、株式投資と同じように情報の開示が義務付けられているからにほかならない。そうした情報開示の仕組みをどう整えるのか。透明度の高い投資環境の整備が求められる。

MaaS（モビリティー・アズ・ア・サービス）

人の移動でエリアの価値が上がる

ICT（情報通信技術）を活用した交通手段を利用して展開するモビリティー（移動）サービス「MaaS（モビリティー・アズ・ア・サービス）」も、PropTechで重視されるコンセプトの一つだ。モビリティーサービスの向上で人の移動が最適化され、まちの交流人口や関係人口が増えれば、そのエリアの価値が上がることから、不動産や建設とも密接な関連を持つ。

PropTechとの関連で注目したい点は２つある。

一つは、ラストワンマイルの交通手段として何を用いるかという点だ。移動の最適化を図るには、目的地への最後の足の便がほしい。そうしたニーズに対して、さまざまな交通手段が候補として上がっている。

最近話題になっているのは、電動キックボードだ。歩くより早く、自転車より小型のため、これを利用すれば、移動の範囲は広がる。これまでは人を集められなかったような場所でも、電動キックボードを活用すれば、誘致できるようになる可能性は高まる。

ただ、原動機付き自転車扱いのため、公道を走るにはその保安基準を満たしている必要があるうえ、運転免許やヘルメットも欠かせない。誰もが気軽に利用するというわけにはいかないのが現状だ。ただ一方で、警察庁では一定の条件の下、ヘルメット着用義務を課さない方針を打ち出した。規制が今後どこまで緩和されるのか、注目したい。

さらに5G、6Gの普及により、自動運転を見据えた都市交通制御システムの整備なども進んでいくだろう。技術投資とリアルへの実装は官民の連携が必須の分野であり、スピード感を維持しつつ、住民、利用者の安心・安全を両立するといったバランス感が求められる。

PropTech関連のもう一つの注目点は、データの取得である。移動の最適化を可能にするMaaSのプラットフォーム上では、移動に関するさまざまなデータを取得できる。どこからどこまで、誰がどのような交通手段で移動したか、明確に分かるのである。

それらのデータは、MaaSでのサービス展開はもちろん、次に紹介するCaaS（シティー・アズ・ア・サービス）でのサービス展開にも生かされる。どのようなデータをどう活用していくのかという点も、大いに注目したい。

CaaS（シティー・アズ・ア・サービス）

一定のルール下でのデータで都市をアップデート

CaaSは都市のサービス化、スマートシティーである。MaaSをはじめ、いわゆるXaaSがバズワードとなる中で、国土交通省も推進している概念のひとつだ。

関連するプレイヤーは多様だ。大手デベロッパーもいれば、不動産・建設・モビリティー関連のベンチャーもいる。もちろん行政も欠かせない。CaaSとして重要なのは、それらのプレイヤーが、その都市で働いたり暮らしたりしている人たちのために何らかのサービスを提供する、ということである。

そのサービスの基になるのは、データである。収集され蓄積されたデータを基にサービスが提供され、都市はアップデートされていく。

ただそのデータを、勝手に利用されるのを嫌がる人は少なくない。街中で収集されるデータの、どこからどこまでが個人が特定される個人情報として扱われるのか。それにはどのような利用制限を課す必要があるのか……。データの利活用に向けたルールづくりが欠かせない。行政、民間、そしてデータを提供することになる私たち住民も参加し、ルールづくりを健全に進めていく必要がある。

中国や台湾のように国家権力が強い国の場合、国がさまざまなデータを一括管理し活用できるからこそ、新型コロナ感染症の感染拡大を抑え込むなど、国民の安全を確保できたと言っていい。翻って日本の場合、データ利活用の課題に誰がどう向き合うのか――。そこに、CaaSやスマートシティーの将来がかかっている。

eKYC

デジタル時代の本人確認は必須のテーマ

不動産取引も非対面化、オンライン化が進み、Fintechとの事業連携、融合も予想される中、重要となるのが「KYC（Know Your Customer、本人確認)」だ。金融の世界では一般的だが、今後PropTechを含むあらゆるサービスにおいて必須となってくるだろう。

金融業界においては、2007年に施行された「犯罪による収益の移転防止に関する法律（犯罪収益移転防止法、通称犯収法)」が根拠となっている。ここではテロ組織等がマネーロンダリングによって資金を獲得する可能性がある企業や業種を規制対象としている。

eKYCは、2018年11月に金融庁より法律施行規則の一部改正命令で公開された。「オンラインで完結する自然人の本人特定事項の確認方法の追加」として、以下に4つが記載されている。

1. 本人確認書類の画像+本人の容貌の画像送信
2. ICチップ情報+顧客の容貌の画像送信
3. 銀行等への照会
4. 顧客名義口座への少額振込

こうすることで、eKYC（electronic Know Your Customer）が拡大し、サービス提供する企業も存在している。

TRUSTDOCKは、KYC as a Service、あらゆるKYC業務を24時間365日スピーディに提供する同分野では先駆けのスタートアップ企業だ。

KYCのAPIも提供しており、API群の中から必要な組み合わせを自由に設計することにより各種業法(古物営業法・携帯電話不正利用防止法・出会い系サイト規制法)対応の本人確認業務も、法律準拠が不要な業界の本人確認業務もすべてカバーできるサービスを提供している。

不動産投資の口座開設、シェアリングサービスのホスト/ユーザー審査、住宅ローンのオンライン申請、PropTechにおいても本人確認が必要な場面は多くあるため、益々利用が拡大しそうだ。

UI/UX

顧客デザインもテクノロジーのひとつ

ITサービスにおけるUI/UXは事業の成否をわけるほど重要なものだ。海外のスタートアップが「私たちの強みはデザインです」というとそんなの強みでもなんでもない、という人を見かけることがある。しかしながら、スマホ、インターネットが浸透し、マルチデバイスで生活する私たちにとって、UI（ユーザーインターフェース、顧客との接点）/UX（ユーザーイクスペリエンス、顧客の体験）は非常に重要だ。

特にPropTechの場合は、多くの場合リアルな資産、リアルな現場を扱うことになる。すると、リアルとオンライン双方を意識したオペレーション、UI/UXの構築が必要となる。

例えば、いくらオンランで予約や決済ができても、実際の部屋は空いていない、とかそういった場面だ。

日本に黒船として乗り込むも、結果としてヤフーとの合弁解消に至った

OYO LIFE。事業停滞の理由の一つにUI/UXの問題があった。入居が簡単にできたのに退去でスムーズに手続きができないといった不満の声がネットに上がっていた。そういった不満でユーザーが離れると戻ってくるのは難しい。都心部100万室を掲げてスピーディに事業展開するも、UI/UX含むオペレーションが追い付いていなかった、日本式に対応できていなかった可能性がある。

しかし、筆者はOYOを含むコリビングやスマート賃貸は未だ事業機会があると考えている。UI/UXのオペレーションは改善をしていけばよい話であり、根本的に利用者のニーズがない領域ではないためだ。中国でもZiroomはじめ大きく成長したプレーヤーがいるため、今後も新たなチャンレンジャーが出てくることになるだろう。

SPAC（スパック）

新たなファイナンストレンドでPropTechを後押し

2020年、米国資本市場での話題の一つと言えばSPACだ。Special Purpose Acquisition Companyの頭文字で特別買収目的会社と言う。読み方はスパックだ。

先に取り上げたOpendoor、3D内見ツールのMatterport、スマートロックのLatch、不動産契約処理のDoma、WeWorkなど続々とPropTechのSPAC上場が予定されている。

SPACは、上場時点では自ら事業は行わないペーパーカンパニーだ。上場後に株式市場からも資金調達を行い、未公開企業の買収を行う。SPACに買収された会社は通常の上場審査などのプロセスを実施せずに上場することができるため、「抜け道上場」と呼ばれたりする。

SPACは買収を目的とした会社であることから、ブランクチェックカンパニー（空白小切手会社）などとも呼ばれる。

SPACによるIPOは、2019年には59件だったものが2020年には248件で合計830億ドルが調達され、急増している。2021年はすでに255件（予定含む）でさらに増加しそうだ。SPACは、PropTechにとって救世主だと言われている。SPACとの合併による上場は、通常の審査プロセスを一切経由しない。そのため、不動産や、宇宙、ヘルスケアといった長期的には市場が大きく魅力的だが、短期的には実現可能か不透明、といった事業についても資金調達が可能だとの見方が広がっている。

このチャンスを逃さまいと、ユニコーン級のPropTechがSPAC上場を検討しているとのことだ。さらに動きは加速し、SPACの上場とSPAC間の競争もすでに加速している。世界最大規模のPropTech VCであるFifth Wallも、自らSPACを組成すると報じられている。

さらに、スマートロックのLatch と合併が予定されているニューヨークの商業不動産企業のTishman Speyer Propertiesが組成するTS Innovation Acquisitions、PropTechに特化したCrown PropTech Acquisitionsが2月にIPOするなどしている。SPACは、有望な投資先を開拓してくる必要があるため、水面下ではIPO前の資金調達ラウンドでSPACが接触してくるなど、SPAC間の競争、差別化は今後激しくなりそうだ。

一方で、問題も指摘されている。上場審査がないため、2020年に合併IPOした水素燃料電池トラック製造のニコラモーターでは不適切な情報開示が指摘され、株価が下落するといったことがあった。急激な過熱感から規制されるとの見方も出てきており、先行きは不透明だ。

グローバルのPropTechコミュニティにおいても、「自国のマーケットでSPACがIPOできるようになれば市況が変わる」と期待の声もある。日本を含めて解禁されるまでには米国で規制が強化されているかしれないということもありそうだ。

出口となる市場もSPACで日本と米国の差がつくとなると、資金を必要とするPropTechのビジネスにおいて日本は益々不利となる可能性が高い。米国のような100億円を超える規模の調達は実質不可能に近く、起業家が単独で取り組むのは難しいと言える。

OYOとヤフーのような大手企業と連携したスキーム、または大手企業の単独事業は今後重要な役割を担うだろう。

コラム

キーパーソンに聞く

PropTechの次のステップは「人と環境に優しい不動産」

Asia PropTech 創設者 **Leo Ming-Yan Lo氏**

Q

Leoさん、まずは自己紹介をお願いします。

A

私は、測量士としてキャリアをスタートし、起業家に転身しました。香港を拠点とする不動産総合企業であるFonto HoldingsのCEO（最高経営責任者）であり、未来的かつ起業家的な視点から、革新的な不動産テクノロジーを用いた不動産投資、開発、融資、アドバイザリーの仕事を専門としています。

さらに、PropTech企業のPropBLKの創設者でもあります。AI（人工知能）を活用した価格査定であるAVM（Automated Valuation Model）とテクノロジーを駆使した不動産分析ソリューションを開発するなど、不動産領域におけるAIとブロックチェーンの適用をテーマに取り組んでいます。

2016年には、アジアのPropTechエコシステム「Asia PropTech」を設立し、PropTechスタートアップ、不動産プレー

Leo Ming-Yan Lo　キャリアを測量士としてスタートし、不動産や金融の業界で17年間従事。不動産分析ソリューションを提供するPropTech企業、PropBLKを創設。2016年、香港を拠点とするコミュニティ「Asia PropTech」を設立し、アジアのエコシステム創りに取り組む。同年、RICS（英国王立チャータード・サベイヤーズ協会）で「Excellent Young Achiever of the Year 2016」を受賞。広東-香港-マカオ-ベイエリア経済貿易協会のボードメンバー、上海-香港専門家連合の執行委員会メンバー、香港-ASEAN経済協力基金の創業メンバーなども務める。

ヤー、投資家を結び付けて共創を目指しています。

ここ2〜3年の間に、20カ国以上で開催された40以上のPropTech／不動産に関連するカンファレンスにスピーカーとして参加。私自身は、不動産業界に協働的なイノベーションを提供したいと考えています。

Q

Leoさんは、アジアでのPropTechのエコシステム創りに尽力されていますが、そもそもPropTechとの出会いはどのようなものだったのでしょうか。

A

公認測量士としてキャリアをスタートさせた私は、不動産ビジネスの関係者の集いに積極的に参加し、香港の不動産業界の課題や障害を十分に実感しました。

例えば、香港では、不動産鑑定評価書が重要な役割を果たすことが多くあります。上場企業の大型買収の公正価値に影響を与えたり、上場企業の投資不動産の毎年の再評価が損益計算書に影響を及ぼしたり、はたまた商業用不動産の融資額さえも業界の測定に依存したりしています。

ここで、私は属人的な評価の欠点と限界に気付き、不動産の循環の高速化と不動産評価の精度向上を目指し、AVMの研究開発に着手したのです。

Q

なるほど、現場の課題を見てAVMのようなテクノロジーの重要性を実感したのですね。現在のアジアのPropTechエコシステムの状況を教えてください。

A

アジアのPropTechエコシステムは、欧州や米国ほど成熟していません。多くのスタートアップが出現していますが、資金調達や市場に参入するのには苦労することが多いです。

香港を例に取ると、不動産ビジネスではごく一部の不動産デベロッパーによる独占性が高く、大手企業などの大規模な組織が小規模なスタートアップから技術を採用することはあまりありません。

しかしここ数年、国境を越えたアクセラレーターが増えてきているのを目にします。このことは、スタートアップにとって良い環境を創り出しているのかもしれません。

Q

そうした中、2016年にAsia PropTechを設立しました。

A

はい、そうです。私は、これまでのキャリアの中で、香港のさまざまな不動産業の関係者、特にデベロッパーと出会ってきました。その会話の中で、デベロッパーの皆さんたちが自分たちのビジネスにおける障害や課題を十分に認識しているものの、それを解決する方法やそれを探す手がかりを持っていないことに気が付きました。

そこで、私は2016年に、PropTechのスタートアップとエンドユーザーの架け橋になることを目指し、Asia PropTechを設立しました。

Asia PropTechは、PropTechスタートアップ、不動産事業者、投資家の力と知識を相乗し、アイデアとソリューションを共創するエコシステムです。今日の不動産業界が抱える課題を解決するために、テクノロジーの採用、あるいはビジネスモデルのイノベーションを推進しています。

Q

今後、Asia PropTechは何を目指すのでしょうか。

A

私たちは、「人と環境に優しい不動産」がPropTechの次のステップになると信じています。

「人と環境に優しい不動産」とは、PropTechを使って不動産の利益を最大化するのではなく、PropTechを社会的な「善」に利用し、私たち都市生活者の心と身体の健康のためにより良い都市景観を創造するものです。

例えば、コワーキングやコリビングは、私たちの室内環境をより快適にし、より住みやすくし、そしてより働きやすい環境にするための素晴らしいステップの一つと言えます。今後数年の間に、私たちは皆でこの「人と環境に優しい不動産」のアイデアを推進していきたいと考えています。

Q

日本の読者の皆さんに、何か伝えたいことはありますか。

A

新型コロナウイルスのパンデミックの際、日本のPropTechの仲間とつながることができました。本当に良かったと思っています。現在はまだ日本への渡航が禁止され、物理的な距離がありますが、Asia PropTechは日本の皆さんとコラボレーションを継続できることに感謝しています。

第4章

PropTechを取り巻くプレーヤー／エコシステム

PropTechを取り巻くエコシステムとは

PropTechを考える上で、「エコシステム」は大切な概念だ。スタートアップ企業全体でも議論されるエコシステムとは生態系。スタートアップが成長し拡大するための生態系のことを指す。

エコシステムの説明に入る前に、「スタートアップ」という言葉についても定義を確認しておきたい。まず、スタートアップとベンチャー企業は同義語であるが、ベンチャー企業は海外では通じない和製英語だ。海外は全てスタートアップと呼んでいる。

スタートアップは何かと言えば、「顧客の問題、課題を特定し、それを解決することで、これまでにないビジネスモデルや付加価値を生み出し、急成長を目指す組織」と定義することができる。ここで重要なのが、急成長を目指すという部分で、急成長を目指さないスタートアップはスタートアップではなくスモールビジネスを指す。ベンチャーキャピタルなどの外部から資金を調達することで、先行投資を行い赤字を掘り進めながら、急成長、急拡大を目指す、Jカーブ型の成長を目指すのがスタートアップである（**図4-1**）。

こうしたスタートアップの誕生から成長、拡大を後押しするのがエコシステム、生態系だ。PropTechのスタートアップを取り巻くエコシステムのプレーヤーは次の通りである。

- スタートアップ／起業家
- 投資家（エンジェル投資家／ベンチャーキャピタル／コーポレートベンチャーキャピタル）

図4-1　スタートアップが目指すJカーブ型の成長。スモールビジネスとは異なり、スタート当初は赤字に落ち込むものの、その後は、急成長、急拡大を目指す。

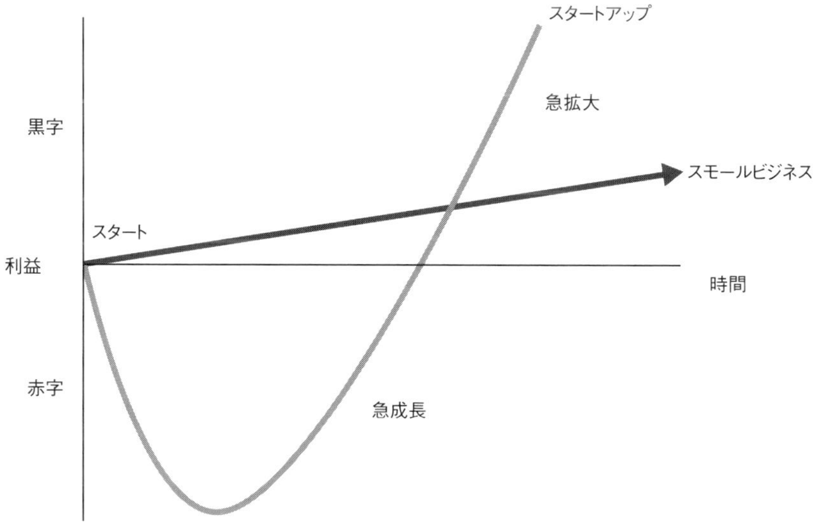

・大手企業
・政府／省庁
・弁護士などのプロフェッショナル
・大学／研究機関
・コミュニティ

PropTechを含む規制産業は、基本的に同じ構造、同じプレーヤーがエコシステムを構築する（**図4-2**）。その理由はシンプルで、規制が厳しい業界は、顧客保護の仕組みが必要だからである。基本的に、規制が厳しい業界は、エンドユーザーや利用者の命あるいは財産を扱うビジネスをしており、利用者（顧客）を保護し事業者を監督する仕組みが、省庁を基点にして構成されている。

通常のスタートアップエコシステムには、省庁などは入らない場合があるが、Fintechのトレンドによって省庁、レギュレーターの重要性が認識され、かつ協働した事例が増えた。そのため、PropTechを含む他の産業のエコシステムの構築には、Fintechで学んだ一連の教訓が生かされている。イノベーションの促進や新サービスの検証に向けて一時的に規制の適用を停止する特区などを設ける、サンドボックス制度も、Fintechが起点となって誕生した国は少なくない。

そして、これらのエコシステムがスタートアップを中心に構成されるのは、スタートアップがスモールビジネスではなく、まさにスタートアップだからである。どの国も産業をつくるのは新たな挑戦者であり、新陳代謝のない国は産業が廃れていってしまう。どの国も次世代の自国経済を牽引するリーダーを求めてスタートアップの支援を行う。

スタートアップの支援を国や、エコシステムの各プレーヤーが行うのは、スタートアップが経営陣自らの利益や、自社利益のみを追求せず、エ

図4-2　エコシステムの構造。スタートアップや起業家をはじめ、大手企業やベンチャーキャピタル、政府、省庁、弁護士などのプロフェッショナル、大学／研究機関など多くのプレーヤーが存在する。PropTechやFintechなどの規制産業では、基本的に同じ構造となる。

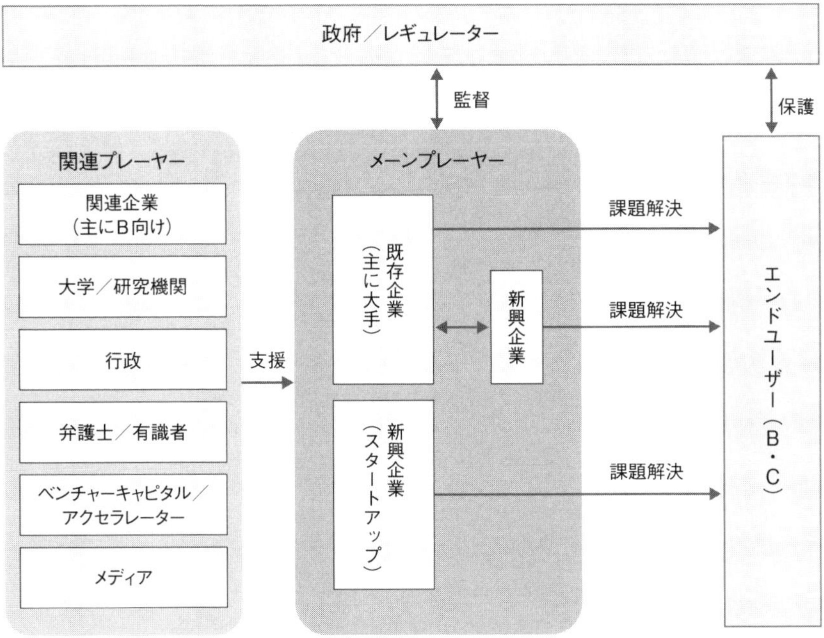

ンドユーザー起点でその課題解決に取り組み、急成長を目指しているからである。それが大義名分となって、サポートの輪が広がるのだ。

そして、PropTechに関しては、関連する分野が不動産、建設、金融などと全世界共通である上、各分野の自国のGDPに占める割合やその順位構造が似ているために、どの国でも同じようなエコシステムが構築される。そのエコシステムを取りまとめているのが、非営利のコミュニティであり、そこはまた、各国間のエコシステムの橋渡し役も担っている。

起業家のチャレンジ：顧客の問題解決のために組織する

PropTechに限らず、全ての産業、全てのトレンドにおいて主役となるのは起業家であり、起業家がいないと何も始まらない。優秀な若者や、業界経験豊富なベテランなど多様な人材がチャレンジしやすい環境を作ることは重要である。筆者はベンチャーキャピタルファンドを運営しているため、起業家が増えた方が良いという立場ではあるが、増やすことが目的ではないため、そこは分けて議論する必要がある。

まず、起業家は、「起業家」「社内起業家」「連続起業家」の大きく3パターンに分けられる。さらに、起業家、創業者の属性として、PropTechで言えば、「不動産、金融業界の出身者」「それ以外の業界の出身者」「エンジニア」といった形で分類することができる。スタートアップとは言っても、人であり、取り引きする際には創業者を含むチームと対峙することになる。

よく不動産会社や大手企業の方に、「良いスタートアップを見分けるには、どうすれば良いですか」と質問をいただくことがある。「良い」が何を指すかによって当然変わるものの、実際に一緒に仕事ができるかどうか、についての最低限の確認を起業家、創業者と向き合って行うことを勧めている。

具体的には、起業家、創業者に対して、事業を行う上でのミッションやビジョンを確認する。「なぜ、その事業をあなたが行っているのか」という点である。このミッション、ビジョンの有無がとても大きな意味を持ち、協業する場合も就職する場合も、大前提としてこのミッション、ビジョンに賛同できるかどうかがポイントとなる。起業家たちがどのような世界を目指しているのか、これを理解し知ることがスタートラインとなる。

起業家の想いを理解することが、スタートアップを理解する第一歩

2015年ごろ、Fintechがちょうど日本でブームになり始めた時、大手金融機関や地方銀行、大手ITベンダーの幹部と話をしていると、口を揃えて「Fintechと言っても、ただの家計簿ソフトや会計ソフトですよね？」と捉えている方々がいた。しかし起業家、創業者の視点に立ってみると、「家計簿ソフトを作りたい起業家」や「家計簿ソフトを作ってお金儲けをしたい起業家」は、実は少ない。家計簿というプロダクトは、起業家から見れば手段であり目的ではないのだ。

その後、成長・拡大した家計簿アプリやクラウド会計サービスを提供するマネーフォワードは「お金を前へ。人生をもっと前へ。」という理念を、またクラウド会計を中心にスモールビジネス向けSaaS（ソフトウエア・アズ・ア・サービス）を提供するfreeeでは「スモールビジネスを、世界の主役に。」という理念を掲げて、個人や中小企業のお金に対する悩みを解決することを目指した。結果、両社はマザーズへ上場、時価総額数1000億円規模の企業へと成長。2020年3月には、freeeのARR（年換算

保有契約残高）が100億円を突破したと発表された。同社によれば、創業から8年8カ月という期間での到達は、日本のSaaSビジネスにおいて最も早い水準であるという。

この両社と同時期に創業された、日本を代表するPropTech企業であるGA technologiesも、2018年にマザーズに上場した。同社も、「世界のトップ企業を創る。」をビジョンに掲げ、「テクノロジー × イノベーションで、人々に感動を。」を合言葉としている。そこには不動産の文字はない。

ここで取り上げた3社に共通するのは、それぞれの経営陣が、FintechやPropTechをやろうとして事業展開をしているわけではないという点だ。多くの個人や企業が利用するお金や不動産を対象にして課題解決を行っているのである。数年もすれば、PropTechやFintechというくくりが適切でない可能性も高いだろう。起業家、創業者たちはなぜ、そのビジネスを始め、何を実現したいのか。その想いや思想を理解することが、スタートアップを理解する第一歩となる。

日本のPropTechの課題の一つは、プロ人材起業家の不足

さらに、PropTechなど規制が厳しい産業のイノベーションには、既存業界のプロ人材のチャレンジが必須となる。業界の慣習に詳しく、ネットワークのある起業家が起業することで、多様性のあるチームが生まれる。そして、起業が増えて、創業者そのものに多様性が生まれると、さまざまなサービスが誕生していく。

こうした中で、日本のPropTechにおける一つの課題は、プロ人材起業家の不足だ。特にそれは、CRETech（Corporate Real Estate Tech、企業不動産テック）における起業の少なさに現れている。これに対して米国ではCRETechの起業は多く、その多数は不動産会社、不動産ファンド、

投資銀行といった不動産のプロたちが起業している。

2章で紹介した、日本の数少ないCRETechであるestie（エスティ）の創業者である平井瑛氏は、東京大学卒業後に三菱地所に入社し、海外事業やオフィスビル賃貸営業を経て、2018年12月にまだ20代の若さでestieを共同創業した。

estieは、事業用不動産領域のデータ事業を手掛けているが、データの取り扱いについては、データの収集そのものが難しかった。大手デベロッパー、アセットマネジメント会社など多くの事業者は、データによる開発や投資の意思決定をしたいもののデータ自体がない。かと言って、三菱地所が集めるにしてもデータを快く提供する会社は限られている。こうした中で、三菱地所出身の平井氏は業界への理解とネットワークを生かして、これまで作れなかったデータベースを構築したのである。今後も、こうした業界経験者による新たな起業、チャレンジが、PropTechを一層加速させていくだろう。

PropTechにおいて、最も重要になるのが社内起業家の存在である。筆者は、たまにメディアから、「PropTechのスタートアップは業界の破壊者ですよね。桜井さんは、スタートアップと大手企業のどちらの味方なのですか」といった質問を受ける。これに対しては、「明確にどちらかの味方ということではなく、社内起業家を含む起業家ファースト以外ない」と答えている。

結局のところ、スタートアップでも、大手企業でも、官僚の皆さんでも、エンドユーザーである利用者の視点に立って事業を推進できれば、立場や組織は関係ない。極論、大手企業が資本力も活用し、徹底的なエンドユーザー起点で迅速にビジネスが展開できれば、スタートアップの勝ち目はないし必要性もないのかもしれない。

これまでの時代であれば、お金を投じてまちをつくったり建物を建てたりすれば、収益をあげることができた。不動産業も一種の装置産業に近く、一定の投資をすれば一定のリターンが得られたのである。

しかし、人々の価値観が変化し、国内においては人口も減少する中で、顧客起点の事業立案ができなければ、事業の維持・発展は難しい。そういう意味では、不動産、PropTechに取り組む全ての人々が、所属組織に関係なく、起業家精神を持って、誰の、どんな問題・課題を、どのように解決し、収益をあげるのか、ということを考えて行動していく姿勢が求められているのだろう。

投資家のサポート：資金面のみならずビジネス支援に注力

PropTechを含むスタートアップにとって、お金の出し手である投資家の存在は欠かせない。スタートアップに投資を行うベンチャーキャピタルは、最後の投資領域としてPropTechに注目している。逆に言えば、これまで避けてきたとも言える。

ベンチャーキャピタルは、個人や法人から出資者を募り、短い場合は8年程度、長い場合には12年程度をかけて資金を預かり運用する。すなわち、スタートアップに投資してから遅くとも12年以内に、そのスタートアップが急成長して株式を上場させるか、他の企業にＭ＆Ａで売却して投資した株式のリターンを確定させる。

急成長を目指すためには、スケール（拡大）するかどうかが重要である。IT（情報技術）やSaaSの事業は、顧客が増加する際には、少ない制約と低い複製コストでユーザーと売り上げを増やすことができる。一方、リアルな不動産などを実取り引きとして扱った場合には、スケールさせることは物理的に難しい。

さらに、上場している不動産会社のPER（株価収益率）は他産業と比較しても低くなっている。これは、不動産の在庫を抱えながら事業を行うため、市況が良い場合は、資金調達も行いやすく在庫の回転もよく事業を拡大できる。しかし市場が悪化した場合には、その逆回転となるため業績の悪化も早くなる。こうした事業の構造上、評価がつきにくいと言える。上場株の評価が低いと、未上場の企業の評価は難しいため、米国のOpendoorやWeWorkのような不動産を直接扱うような事業は敬遠されてきた。

そこに、リスクマネーが供給されるようになった一つのきっかけが、ソフトバンクのビジョンファンドだ。これまでのベンチャーキャピタルが投資をためらうようなリアルな在庫や資産を持つ、限りなく実業（単なる不動産業とも揶揄される）に近い会社に投資を始めたのである。

2017年に設立されたビジョンファンドは、これまで131社の有名スタートアップ企業に投資を行った。その中には、WeWorkやOpendoorなど世界を代表する8社のPropTech関連スタートアップが含まれる。2020年には、投資先である米国トップのオンラインフードデリバリー企業のDoorDashがニューヨーク証券取引所に上場し、大きな利益をもたらした。同年12月には、投資先のOpendoorも上場を果たしている。

2019年にロンドンで開催されたPropTechカンファレンス「Future PropTech」には、当時ソフトバンクビジョンファンドでパートナーを務めていたJustin Wilson氏（2020年に退社）が、PropTech特化型ベンチャーキャピタルたちに交じり登壇。「私たちの視点から見れば、不動産業界はまだ初期段階だが、途方もない可能性を秘めている分野だと思う。

そのため、不動産業界全体、住宅、商業不動産、その他さまざまな側面から見て、次に『賭ける』興味深いトレンドを探している」と、PropTechに対する期待を語った（**図4-3**）。

PropTechを含むベンチャーファイナンスにおけるビジョンファンドの存在感は大きい。ビジョンファンドのファンド規模は1000億米ドル（約10兆円）に達し、全世界のベンチャーファンドの組成額よりもビジョンファンド1社の方が大きい。チケットサイズと呼ばれる1回あたりの投資金額も、1億米ドル（100億円）以上と、従来のベンチャーキャピタルとは異なる規模感で投資を行っている。

ビジョンファンドは、IPO（新規上場）直前の有名企業のみを対象にして投資を行っており、シードやアーリーステージといった創業間もない企業には投資をしない。そのため、ビジョンファンドの資金流入が、PropTech全体に対してポジティブな影響を与えたのは間違いなく、ビジョンファンドの投資先から上場する企業も出てきたことから、今後も一定の資金流入が見込めるだろう。

年々増加する、PropTechのベンチャーキャピタル

ビジョンファンドが組成された2017年前後は、PropTechに特化したベンチャーキャピタルが世界中で誕生するタイミングでもあった。

2015年にはMetaPropが、2016年にはFifthWallが、それぞれ米国で誕生しており、後に世界を代表するPropTechベンチャーキャピタルとなる。

MetaPropは、投資のみならず、さまざまな取り組みで起業家をサポートし、世界をリードしている。例えば、「NYC Real Estate Tech Week」という世界最大規模のPropTechカンファレンスを運営。ここでは約1週

図4-3　2019年にロンドンで開催されたPropTechカンファレンス「Future PropTech」。当時ソフトバンクビジョンファンドでパートナーを務めていたJustin Wilson氏が登壇し、PropTechに対する期待を語った。

間にわたり、ニューヨークの至るところでPropTechに関する大小さまざまなイベントを開催し、世界中のPropTech関係者の橋渡し役を果たしている。資金の提供だけではなく、業界活性化の取り組みなど一歩踏み込んだ支援・活動を展開するベンチャーキャピタルと言っていい。

さらに、Columbia大学と連携して「MetaProp Accelerator at Columbia University」も運営している。アクセラレータープログラムとは、選抜されたスタートアップが、定められた期間内において先輩経営者や大手企業からメンタリングを受けたり、実際の現場での仮説検証などを通じてビジネスをブラッシュアップしたりするものである。プログラムの終わりには、参加したスタートアップのお披露目の場となる「Demo Day」が設定されることが多く、優勝者には賞金が渡されたり投資が行われたりするケースがある。

MetaProp Acceleratorでは、22週間の期間で最大25万米ドルの出資が行われる場合がある。そして、プログラム期間中は、ビジネス戦略、資金調達、メディアリレーションズ、PR、採用、事業開発、販売、デジタルマーケティングなどの事業サポートに加え、Zillow（米国の大手不動産ポータルサイト）、RICS（英国王立チャータード・サベイヤーズ協会：英国ロンドンに本部を置く、世界的な不動産専門職会員組織）、First Republic Bank（米国の銀行）といった大手企業から構成されるアクセラレーターパートナーとのディスカッション機会が提供される。

さらに、「PropTech Place」と名付けたワークスペースも展開する。ニューヨークにオフィスを構え、月額249米ドルのホットデスクから利用できる、PropTech起業家向けのコワーキングスペースだ。アクセラレータープログラムとの連携も図っており、入居者はメンタリングのサポートなどを受けられる。

こうした特化型のプログラムやワークスペースに関してはFintechの方が先行しており、日本では電通国際情報サービスや三菱地所らが東京・千代田区大手町で手掛ける「FINOLAB（フィノラボ）」が代表的だ。ここはFintechのスタートアップのための施設として、住宅ローンや不動産投資系のスタートアップも入居している。

筆者は2019年に、日本で初めてのPropTech特化型ベンチャーファンドとなるデジタルベースキャピタルを創業、1号ファンドを組成し国内外のPropTechスタートアップへの投資活動を行っている。英語で海外圏に情報発信していることもあり、海外のPropTechベンチャーキャピタルや起業家とも交流がある。年々、PropTechのベンチャーキャピタルは増加しており、双方が連携することで投資機会の連携や、自国状況の共有ができる体制がグローバルで整いつつある。

筆者がファンドを始めたきっかけも、まさにコミュニティ、エコシステム、とりわけ、初期の段階からPropTechに関するイベントなどをともに実施してきた伊藤嘉盛氏だった。

伊藤氏は、賃貸領域のPropTech企業の先駆者となるイタンジを2012年に創業。2018年には同社を、マザーズに上場したGA technologiesに売却、その際に代表を退任した。いわゆる起業家、スタートアップとしてEXIT（IPOをしたり、M＆Aによる売却で自身の持ち株を現金化したりすること）した伊藤氏から、ファンドを設立したらどうか、という誘いをもらって創ったのが、デジタルベースキャピタルであった。

伊藤氏からの声掛けは突然で、筆者は全く予想していなかった。しかしながら、自身で起こしたコミュニティの活動が結果的に自身の転機となり、また筆者らがファンド組成したことでPropTechにさらなる資金が流入した。現在では、日本、中国、米国の10社以上のスタートアップへ投資を行っている。まさに、エコシステムとして資金や人材が回り始めたことで、筆者らがコミュニティ活動を始めた時の目標が少しずつ形になってきている。

伊藤氏は現在、不動産投資業を軸にしながらスタートアップへの投資、育成を行うトグルホールディングスを設立し活動している。MetaPropなどと同様に、スタートアップスタジオの事業を強化するなど、不動産の実業経験も豊かな伊藤氏率いるチームが、不動産業界の慣習への対応や営業支援を行っている。

事業の立ち上げ期においては、資金のみの支援のみならず、多角的に経営をサポートすることでスタートアップの成功確率を上げる取り組みが行われている。PropTechにおいては、こうした取り組みが、世界的に見ても始まったばかり。今後、プレーヤーが増加、かつ多様化していくことだろう。

大手企業のオープンイノベーション：さらなる成長に向けた経営戦略

日本では、PropTechに限らず、大手企業によるオープンイノベーションの取り組みが一般化してきた。不動産、建設分野においても、大手企業を中心に取り組みが活発化している。ここでは、その一部を紹介したい。そこでまず、大手企業によるイノベーションに向けた取り組みを次のように整理してみた。

1. 自社単独での新規事業の立ち上げ
2. スタートアップのサービス、プロダクトの利活用
3. スタートアップや他の大手企業との協業による新サービス開発

4. アクセラレータープログラム、ビジネスコンテストの運営
5. スタートアップへの投資・出資
6. スタートアップの買収

それぞれ意思決定や所要期間に差があるため、中期経営計画などの長期的な目線で、スタートアップとの連携を含む新規事業分野への取り組みをどのように位置づけるか、が重要となる。国内の大手企業では既に、さまざまな取り組みが実施されており、スタートアップにとっても、大手企業にとっても、連携・協業がしやすい環境が整いつつある。以下、具体事例を見ていこう。

三菱地所：業界トップのリーディングカンパニーがDXでもリード

時価総額2.6兆円。東京・千代田区の丸の内・大手町の大家と呼ばれ、日本の業界トップに君臨するのが、三菱地所だ。同社では、PropTechを含むイノベーション、DX（デジタルトランスフォーメーション）への取り組みを積極的に展開、2020年には経済産業省が実施する「DX銘柄2020」に選定された。

同社では2019年4月、ともに経営企画部のDX推進室とグループIT企画室をDX推進部に改組。デジタルテクノロジーを活用したビジネスモデルの革新にグループ横断で取り組む姿勢を強めた。

三菱地所のような大手企業にとってPropTechへの取り組みには、大きく2つのパターンが考えられる。一つは、PropTechの世界に参入してきたスタートアップへの投資や出資。場合によっては、M＆Aを実行することもあろう。もう一つは、協業だ。スタートアップで開発したサービスを自社で提供したり、新しいサービスをスタートアップと共同で開発したりする。

同社の取り組みで特徴的なのは、投資・出資と協業の合わせ技とも言える、スタートアップとのジョイントベンチャーの設立に踏み切った点だ。手を組んだのは、エレベーターメディア事業を展開する東京という名のスタートアップ。両社は2019年11月、共同出資でspacemotionを立ち上げた。

同社で展開するのは、エレベーター内でのプロジェクション型メディア事業。具体的には、エレベーターのかご内にプロジェクターを用いて映像を投影する。これにより、従来のディスプレー型の配信に比べ、大画面でより迫力のあるコンテンツの投影が可能になる。

spacemotion立ち上げのきっかけとなった、東京の設立は2017年2月。それ以来、エレベーターメディア事業に取り組み、エレベーターという電波の届きにくい空間との間でも安定的な通信状態を確保する技術やエレベーターメディア事業の運営ノウハウを培ってきた。

spacemotionでは、これらの技術・ノウハウを生かし、不動産オーナーをはじめ、テナント、エレベーター利用者に、新たなインターフェースを提供していく。オフラインの場である不動産とデジタルテクノロジーを結び付け、「OMO（Online Merges with Offline）」と呼ばれるオンラインとオフラインの融合を通じたB to B to C領域に進出するという。

エレベーターという場所に着目した事業については、中国では既に成功事例がある。Focus Media社だ。中国都市部を訪れた方であれば、エレベーター内部や周辺でのモニター広告を見かけたことがあるだろう。同社は、エレベーター広告のパイオニア企業で、現在の時価総額は約2.5兆円にのぼる。三菱地所に匹敵する規模だ。

Focus Mediaは、中国最大のオフライン広告ソリューションプロバイダーで、2003年に設立された。2005年には中国の広告会社初となるNASDAQ（ナスダック）での上場を果たし、2007年には「NASDAQ100インデックス」にも含まれた。そして2015年、中国A株市場に上場している。

2017年の売り上げは前年比17.63％増の120億1000万人民元（約2000億円）、純利益は同じく前年比34.90％増の60億人民元（約1000億円）を計上。4億人の中国都市人口をターゲットに、5400社以上のブランド、メーカーなどのクライアントを有し、毎日5億以上のインプレッションを獲得しているとされる。

これだけの価値の源泉は、オフラインのマーケティング施策の中でエレベーターが幅広い顧客接点を持つ場所としての強みを持つからだ。オンラインとオフラインの融合で新しい体験を提供するものとして、Alibabaグループが提唱する「ニューリテール」戦略の文脈でも多くの関心を集めている。中国では広く認知されている、こうしたPropTechの取り組み事例の日本版が、spacemotionと言えるのだ。

spacemotionの事例が特徴的な理由は、もう一つある。同社の社長を三菱地所の社員である30代の石井謙一郎氏が務めているという点だ。時価総額2.6兆円の日本を代表する巨大企業でありながら、若手、中堅への権限移譲を外部企業設立とともに進めている。こうした動きがPropTechに限らず、他の大企業にも広がっていけば、いずれ大きな成果を生み出す時が来るだろう。

平和不動産：再開発とともにスタートアップ支援で見せる存在感

このところ、スタートアップ界隈で注目を集めるまちがある。東京証券取引所もある東京は日本橋兜町、茅場町エリアだ。

NHK大河ドラマ「青天を衝け」の主人公で、2024年の新一万円札の顔となる渋沢栄一。日本の資本主義の父と呼ばれた渋沢が、日本最初の近代銀行「第一国立銀行」を兜町で設立したことから、そこは銀行発祥の地として知られる。

兜町と聞けば、多数の証券会社が軒を連ねる、古き良き株屋のまちという印象が強い方も多いだろう。しかし近年は再開発に伴い、まちの様子が一変している。その開発をリードしているのが、兜町、茅場町の大家と呼ばれる平和不動産だ。

平和不動産は1947年、証券取引所のビルのオーナー企業として設立され、取引所の賃貸および取引所周辺の開発を行ってきた不動産会社である。2017年9月のFintech企業向けオフィス「FinGATE KAYABA」を皮切りに、「FinGATE KABUTO」「FinGATE TERRACE」などの拠点を次々とオープンし、Fintech系のスタートアップやファンド事業者を誘致。いまでは約40社のスタートアップが兜町、茅場町エリアに集積している。

FinGATE KAYABAには、筆者が一般社団法人Fintech協会在職時に同協会の事務所を初めて設置し入居、それ以来茅場町を拠点としてきた。このFinGATE KAYABAには、収容人数200人のイベントスペースが併設されており、平和不動産はスタートアップ関係者に積極的にスポンサードする形でスペースを提供する。新型コロナウイルス感染拡大以前は、連日のようにスタートアップ関連のイベントが開催されていた。

筆者の会社事務所も、現在はFinGATE TERRACEに入居している。2017年から2021年の現在に至るまで、まちの移り変わりを見てきたが、劇的な変化となっている。スタートアップの集積に加えて、レストラン、ビアバー、カフェ、ホテルなどの誘致も行っており、かつては週末になると閑散としていたまちも、今では若者が行き来するまちに生まれ変わっている。2021年には兜町のランドマークとなる大型オフィスビル「KABUTO ONE」も開業予定で、まちの景観もより一層変化するだろう。

平和不動産は、FinGATEを軸にしたスタートアップコミュニティ作りを実施しており、その認知が進んだことで、コミュニティ内での協業が生まれるなどエコシステムが構築されつつある。さらに、スタートアップへの出資なども行っており、筆者が運営するデジタルベースキャピタル1号ファンドにも、同社からLP（リミテッド・パートナー）投資が実施されている。

このように、平和不動産は、本業である再開発において、まちの魅力化、活性化のためにスタートアップ支援を積極的に実施している形だ。同プロジェクトを推進するのは20代の荒大樹氏。三菱地所と同様、スタートアップとともにする活動では、オーナーシップである大手企業の若手、中堅社員が活躍しているのである。

大東建託：日本一の大家が目指すスタートアップとの共創

「日本一の大家」とも呼ばれる大東建託は、自社グループの管理物件入居者約200万人、管理戸数約110万戸と、日本全国の事業規模とネットワークを誇る会社だ。さらに、常時稼働する現場は約2500物件と、建築の顔も持つ。PropTechとConTechの実証フィールドを有するのが、大東建託とも言えるのだ。そんな同社では、自社の強力な資産を軸にして、スタートアップとの共創を目指す「大東建託アクセラレーター」の企画・運営を行っている。

2019年に実施した、このプログラムでは、71社の応募があり、2020年1月の最終プレゼンを経て、実証実験に進む企業5社が決定、発表された（表4-1）。

ファイナリストに選ばれた5社のうちの一つであるユニロボットは、AI（人工知能）を活用したコミュニケーションロボット「unibo（ユニボ）」を開発、提供するスタートアップだ。

ユニロボットは、実際の施工現場で現場監督者を対象にした実証実験を実施した。現場監督者が行う、各施工現場の進捗管理と協力会社などへの業務連絡をユニボが代行する。建設現場では、少子高齢化による人材不足が今後さらに深刻化することから、ユニボのようなコミュニケーションロボットの導入が期待されている。

ただし、ユニロボットは建設業界向けのロボット開発に限らず、あらゆる業界、業種でのロボット活用を目指すスタートアップである。PropTechでもConTechでもない。こうした研究開発型スタートアップにとって重要なのは現場や実際のユースケース、そしてユーザーから得られるニーズだ。大東建託では実際に多くの顧客、顧客データ、リアルな現場を保持し、かつプログラムに提供できるため、スタートアップのメリットは大き

表4-1　2019年に実施した「大東建託アクセラレーター」で、実証実験に進んだスタートアップとその内容。

スタートアップ	実証実験の内容
ダブルフロンティア（WFrontier）	地域密着型の買い物代行サービス 「twidy（ツイディ）」
Luup（ループ）	電動マイクロモビリティのシェアリングサービス 「LUUP（ループ）」
ユニロボット（Unirobot）	コミュニケーションロボット 「unibo（ユニボ）」
コグニティ（COGNITEE）	コミュニケーションを定量評価するための解析サービス 「UpSighter（アップサイター）」
Vox Japan（ヴォックスジャパン）	スマート宅配ボックス 「Vox Smartbox（ヴォックス スマートボックス）」

いのだ。

近年のオープンイノベーションのブームにより、形骸化してしまったビジネスコンテストイベントやアクセラレータープログラムも少なくないと聞く。そこからは大手企業、スタートアップそれぞれの本音が漏れ伝わってくる。いずれにせよ、スタートアップは明日生きるか死ぬかの世界で戦っており、スピードが求めらる。アイデアや課題の設定をスタートアップ側に丸投げせず、大手企業側が主体的にビジョンを持って取り組むことが重要となる。

実際に自社リソースを提供できるのか、それは外部から見て魅力的なのか。こうした観点に立ってみると、大東建託の取り組みはスタートアップにとっても魅力的な部分が多く、今後の取り組みに期待をしたい。

清水建設：事業立ち上げとグローバル展開を目指すスピード感

海外では、不動産、建設の境目はあいまいで、PropTechのカンファレンスでも半分は建設、建築に関するアジェンダや出展であることが少なくない。

筆者が海外で登壇した際、意外だったのは、海外から見た日本の大手ゼネコンの取り組みへの評価だ。スタートアップへの投資はもちろん、積極的なロボティクスやドローンの活用、高いプロジェクトマネジメント力など、海外から見ると、関心度の高い取り組みが多く、いつも質問を受けた。

このように、日本の建設会社はそれぞれConTechやDXの取り組みを加速させているが、その中でも清水建設は積極的に取り組む企業の一つと言える。

2019年4月、清水建設は米国シリコンバレーに「シミズシリコンバレーイノベーションセンター」を開設し、駐在員を配置した。米国のベンチャーキャピタルへの出資も行い、自ら乗り込む形で活動を展開している。日本での投資枠は年間100億円を準備し、ファンドのみならずスタートアップへの直接投資も積極的に行っている。

2020年1月には、同センターでの活動事例の一つとして、米OpenSpace社とのパートナーシップ契約の締結を発表した。OpenSpace社は、建設現場内で収集した360°画像を図面上の位置と紐づけて記録できる画像管理ツールを提供し、2020年12月末時点で世界33カ国の1000以上の現場で利用されている。清水建設は、2020年3月に現場へ試験導入し、30現場で試行を重ねてきた結果、生産性向上が見込めると判断し契約に至ったとしている。国内展開の代理についても議論するとしており、日本市場への展開も見据える。

さらに、特徴的な事例の一つに、プロパティデータバンクの存在がある。筆者は、日本におけるオープンイノベーションの数少ない成功例として注目している。実は、同社は清水建設の社内企画で始まった社内ベンチャーだった。REIT（不動産投資信託）を中心に不動産ファンドや企業向けに物件管理を目的とした不動産管理クラウド「@プロパティ」を提供し、現在は5万棟のデータを管理している。

プロパティデータバンクの設立は2000年。2018年にはマザーズに上場した。代表取締役社長の板谷敏正氏はもともと清水建設の社員であり、社内の提案制度に手を挙げて同社の設立に至った。

当時の上場目論見書によると、清水建設の100%子会社ではなく、筆頭株主として33.2%の株式を保有しており、清水建設の持分法適用関連会社となっている。ベンチャーキャピタルを含む外部株主もおり、板谷氏自身も株式を所有している。外部のリソースも巻き込みつつ、清水建設の信用や強みも生かしつつ最終的には上場を果たした。大手企業による社内起業、新規事業の取り組みは多数あるものの、会社を設立して上場まで至ったケースはPropTech、ConTech、Fintechどのようなテーマにおいても事例はほとんどなく、非常に珍しいケースと言える。

事業のドメイン（領域）選定も絶妙だ。清水建設の本業にはバッティングしないものの、①隣接領域であることから土地勘があった、②グループ会社の不動産会社が持つ知見も含めて事業立ち上げが可能だった、③日本におけるJ-REIT市場設立のタイミングを捉えた、④CRETechの領域であり、知見やネットワークがないと参入が難しかった、などの要因がうまくつながって成立した事例と言える。

先のspacemotionと同様、こうした大企業の隣接領域における事業立ち上げは、今後も一層期待したい。

桐井製作所：職人を軸にした建設DX推進コミュニティの開発

建設業界には、「キツイ、汚い、危険」の3Kに加えて、「勘、根性、気合い、経験」などのKも根付いていると言われている。そんな業界環境と、少子高齢化、人口減少による職人の人手不足の問題への危機感を背景に、桐井製作所が開始したのが「ConTech LAB」の取り組みだ。

桐井製作所は、全国約5000社の建設業者を顧客に抱える、建築用の鋼製下地材メーカー兼内装資材商社だ。同社の代表取締役社長の桐井隆氏から、「テクノロジーがどんなに進んでも、最後は必ず人手が必要になる。人がいなくては、建物は建てられない。働き手にとって魅力的な業界にしていくために、生産性や安全性の向上は不可欠。その中でデジタルを含むテクノロジーの活用機会があり、それを職人の皆さんに届けたい」との熱い言葉をもらい、筆者も同ラボの設立・運営を支援している。

そんなConTech LABは、「建設業界のDXを推進するすべての人々のオープンイノベーションプラットフォーム」という位置付けで、2020年10月に設立、活動を開始した。同ラボは、桐井製作所内に設置され、法人格などはない任意のコミュニティである。建設DXやConTechに取り組む仲間集めをファーストステップとし、オンラインイベントの開催を通じた情報提供を実施。これまでにオンラインイベントを3回開催し、毎回100人を超える申し込みがあった。個別の反響も大きく、建設DXに対する関心の高さがうかがえる。

消費者から見たバリューチェーンでは、建設は最上流に位置するスタート地点であり、今後、ConTechとPropTechの境界もあいまいになっていくだろう。建設分野は、PropTechと比較してもスタートアップの数が少なく、当社の調査では、国内に約60～70社程度しかない。一方のPropTechには、150社以上のスタートアップが存在している。業界の市場規模を考慮しても、建設分野においてスタートアップが増加する余地はまだまだあると考えている。

そのため、同ラボでは新規事業や起業を検討している方を対象に、情報だけではなくネットワーキングの機会を提供している。2020年12月には、「DX銘柄2020受賞企業が見据える建設業界におけるDXの未来」と題したオンラインイベントを開催。平井卓也デジタル改革担当大臣、青木由行国土交通省不動産・建設経済局長らが登壇し、建設業界のDXへの期待を語った（**図4-4**）。

さらに同イベントには、経済産業省が選定する「DX銘柄2020」に建設業界から受賞した鹿島建設とダイダンが出席した。

図4-4　2020年12月に開催された、オンラインイベント「DX銘柄2020受賞企業が見据える建設業界におけるDXの未来」。平井卓也デジタル改革担当大臣（左端）や青木由行国土交通省不動産・建設経済局長（左から2番目）らが登壇し、建設業界のDXへの期待を語った。ここには、筆者（右下）も参加した。

鹿島建設は、AIやIoT（モノのインターネット）といった先端デジタル技術を活用した「鹿島スマート生産」や「建設機械の自動化を核とした次世代の建設生産システム」による建設生産プロセスの変革で、人手不足の解消につながる取り組みを実現。ダイダンは、「現場支援リモートチーム」やクラウド型ビル監視制御システム「REMOVIS（リモビス）」を開発するなど、国土交通省が推進する「i-Construction」を現場を軸に展開している。

同ラボには既に、500人近い参加者が集まっており、今後は建設DXを推進する共同・協業プロジェクトの立ち上げや、参加者間のマッチングを実施していく予定だ。

コミュニティのエコシステム作り：オープンでフラットな連携機会

スタートアップを中心としたイノベーションにおいて「コミュニティ」は欠かせない存在となっている。コミュニティは組織としては非営利で、エコシステム（生態系）そのものを創るために活動したり、エコシステム内の連携を促したりする役割を担う。

先行したFintechでは、世界各国にFintechのコミュニティが設立された。日本では2015年に一般社団法人Fintech協会が設立され、筆者も初代事務局長として組織の立ち上げに関与した。現在はベンチャー、大手法人を合わせて400社以上が加盟する大規模な組織となった。

Fintech協会も、もともとは「Fintech Meetup」というスタートアップ関係者による、Fintechをテーマにしたカジュアルな交流イベントに遡る。最初の参加者は全員カジュアルなパーカーやTシャツ姿だったが、徐々にスーツを着た人たちが増えてきた。Fintechがブームになり、金融機関や商社など大手企業の人々が参加するようになったためだ。スタートアップも増え続けた結果、きちんとした組織にした方が良いとの助言もあり、一般社団法人化したのである。その後も、カジュアルな交流イベントや、海外参加者を誘致した大規模なカンファレンスを開催するなど、日本のFintechシーンにおいて人々を結びつけるハブの役割を果たしてきた。

もう一つの大きな役割が、GR（ガバメントリレーション）である。Fintechは金融規制が厳しい規制産業であり、エンドユーザー起点の利便性の高いサービスが生まれるごとに、各国でも頻繁に規制の変更・対応が行われてきた。GRが従来のそれと異なるのは、政府に「陳情」するのではなく、ともにエンドユーザーを見てあるべき姿を議論するルールメイキングの姿勢にある。業界団体のロビーイングはこれまで自社や、自らの業界の利益を最大化するための活動も少なくなかったが、いまでは共創型のGRへと移り変わってきている。

その代表格がFintech協会であり、Fintechの台頭による銀行法の改正、銀行のオープンAPI化など、金融業界の大きなルール変更の際には必ずFintech協会の存在があった。これは他の国にも言えることであり、またFintechのこうした取り組み事例が各国でモデルケールとなり、PropTechを含む他産業に影響を与えている。

ここで興味深いのは、こうしたコミュニティは米国や中国には大抵存在しない。エコシステムが構築され、各自の役割が明確に定義されて共創かつ競争している中では、こうしたコミュニティの存在は必要ないのかもしれない。先のMetaPropの事例のように、個社が対応しているケースを除き、非営利組織が機能しているケースは非常に少ないのだ。

「テック関係の取り組みは、日本は遅れている」とはほど遠い

筆者は、Fintechと同時に取り組んでいたPropTechについても、Fintech協会と同様に活動できないかと思い、2017年にPropTech JAPANを設立した。PropTech JAPANは任意組織で法人格はなく、GRにも重きを置いていない。PropTechに関心がある人が気軽に参加できる場創りを徹底して行っている。

PropTech JAPANでは、これまで30回以上のMeetupイベントを開催し、現在ではコミュニティメンバーリストは1500人を突破。参加者は、大手不動産会社から、商社、金融機関、ITベンダーなど幅広い。

PropTech JAPANには20人を超える運営メンバーがいる。これらのメンバーは、普段は不動産会社やスタートアップに勤務する一方で、PropTechのエコシステム拡大に寄与したいと、個人の考えで参画、活動している。

2019年には、初めての大規模カンファレンス「PropTech Startup Conference 2019」を開催し、有料にもかかわらず、500人が参加する盛況なイベントとなった（**図4-5**）。このPSC2019は、国内外から公募したスタートアップ20社によるピッチと、ネットワーキングを主としたカンファレンスで、午前と午後に1回のパネルセッションがある以外は、スタートアップによるピッチと参加者同士の交流に時間が費やされた。

これは、海外のカンファレンスの形式を参考にしたものだ。初回にもかかわらず、PSC2019にはGA technologies、ARUHI、三菱地所、NTTコミュニケーションズといった大手企業の協賛が得られ、開催が実現した。反響は大きく、翌2020年は2日間の開催にパワーアップし、協賛企業も前年より増やして開催する予定だったが、新型コロナウイルスの感染拡大

図4-5　2019年に開催された、初めての大規模カンファレンス「PropTech Startup Conference 2019」。500人が参加し、スタートアップ20社によるピッチと、ネットワーキングが催された。下の3枚の写真は、PSC 2019当日の様子。

による影響で開催を断念した。

PSC2019では、スタートアップが自社事業をプレゼンしたり、個別ブースに出展したりするのは、完全無料とした。関係者には、「スタートアップファースト」の精神を理解してもらって実現している取り組みと言える。

国内には、筆者がアドバイザーを務める一般社団法人不動産テック協会という組織もある。2018年に設立された同協会では、情報発信はもちろん、不動産テック（不動産×IT）業務の標準化およびルールの確立など、法人格を有する業界団体としての活動を展開している。同時に、不動産事業者のIT化に対しても適切なアドバイスができる団体となることを目指しており、不動産業界における不動産事業者のためのIT、DX普及・促進の役割を担う。

同協会では、「不動産テックカオスマップ」を定期的に作成、更新して公表している。このマップは、企業の規模や形態を問わずに不動産テックサービス群をマッピングしており、どのようなサービスがどのような領域で立ち上がっているかを知ることができる。

海外にもPropTechのスタートアップに関するコミュニティは多く立ち上がっており、筆者が運営するPropTech JAPANでは積極的に英語での発信や海外登壇なども実施し、協力関係の構築に尽力している。

こうした活動を筆者が開始したのは2017年。これはグローバルに見ても、早い部類に入り、グローバルのPropTechコミュニティの中では古参に当たる。そのため、多くのメンバーと顔見知りで、よく言われる「テック関係の取り組みに関しては、日本は遅れている」という状態とはほど遠い。不動産、建設業界がレガシーなのは各国共通であり、むしろ領域によっては、日本の取り組みの方が進んでいる場合もある。

Fintechの際には、残念ながら、海外からの日本市場への関心は高くなかった。金融規制そのものが厳しい上、日本語対応の必要性から、日本において海外のFintech事業者がサービスを展開するのは非常に難しい。

翻って、PropTechも、当初はFintechと同様の反応を予想していたが、蓋を開けてみると、その逆だった。理由としては、一つは、WeWorkやAirbnbをはじめとする、海外のPropTech関連事業者が日本市場でビジネスを展開しているという事実があること。もう一つは、ビジョンファンドのネームバリューが高く、日本市場へ関心を持つPropTech関係者が少なくないことが挙げられる。

今後は一層海外からの進出や、日本企業との連携が期待できることになるだろう。

省庁、政府のリーダーシップ：イノベーション創出に向けたルール作り

PropTechを考える上で、政府、省庁の動向やスタンスは重要なものとなる。繰り返しになるが、PropTechは規制産業の領域だからだ。そして、PropTechの事業機会、インパクトの一つに、「今後来ないであろう今だからこそのタイミングがある」と認識している。それは、各省庁や産業ごとの取り組みが奇跡的に合流し、融合する機会が訪れるためだ。考え方によっては必然と捉えることもできるかもしれないが、以前より言われていた「業界、業種の壁がなくなる」世界が訪れようとしている。

各省庁の動向を端的にまとめると、**表4-2**のようになる。

ご覧いただくと分かる通り、「横ぐし、横断化」と「電子化、データ化」

の取り組みが同時多発的に推進されている。5年前であれば、例えばFintechはまだデータ化のプロセスであり、横ぐしという発想など金融庁内にもなかったと思われる。さらに金融庁では、参事官や審議官、局長らが参加し、スタートアップや金融機関関係者らと議論する「Meetup with FSA」を定期的に開催している。このイベントに対しては当初、メガバンクや地銀の関係者から驚きの声が聞かれ、かく言う筆者自身も大変驚いた記憶がある。監督者の立場が強かった金融庁が、エンドユーザー起点の対話型の組織にカルチャー改革したと捉えることができたからだ。事実、Fintechにはその力があったし、Fintechの本質は何よりもエンドユーザー起点の金融の再定義だったのである。

筆者は、こうしたことが国土交通省をはじめ、他の産業や省庁でも起こると考えている。その最も大きな動力源になるのが、デジタル庁の創設だ。デジタル庁は、リーダーシップを発揮して各省庁のIT調達の一本化によって、規制改革、縦割りの廃止を実現しようとしている。

表4-2　各省庁の動向。「横ぐし、横断化」と「電子化、データ化」の取り組みが同時多発的に推進されている。

所管	取り組み	内容
デジタル庁	縦割りの撤廃と規制改革	各省庁のIT調達の一本化
金融庁	オープン化・フラット化	オープンAPIの推進により、金融機能をオープン化。さらに、新金融仲介法制によって銀行、証券、保険といった業態ごとの縦割りをなくし、横ぐしのフラット化を推進
国土交通省（不動産分野）	非対面取り引き、電子化	不動産の取り引き（賃貸、売買）は電子化、非対面化へ移行。データの収集、管理を行えるようになる
国土交通省（建設分野）	政府主導のDX	土木分野を中心に、公共事業として国が発注者になる場合、その発注プロセスからIT活用に取り組む「i-Construction」を主導、民間事業者にのみ対応を迫るのではなく、自らも取り組みに加わる。その結果として、IT化、電子化が進みデータが集まる
経済産業省	手形電子化によるデータ化	2026年に電子化を実現させるために推進。建設業界は手形取り引きが多いため、資金繰りや決済の電子化、データ化が今後進む

国土交通省においては、建設分野が起点となっている「i-Construction」の取り組みがカギを握る。

i-Constructionは、国土交通省の生産性革命プロジェクトの一環で、2016年から取り組みが開始された。i-Constructionとはそもそも、測量から設計、施工、検査、維持管理に至る全ての事業プロセスにおいて、ICTの全面的な活用（ICT土木）を導入することにより建設生産システム全体の生産性向上を目指している。

その一環として、i-Constructionの優れた取り組みを表彰し、ベストプラクティスとして広く紹介する「i-Construction大賞」を2017年から実施するなど、国交省が積極的な旗振り役となり、建設現場でのIT活用を推進している。

建設産業は土木と建築に分けることができ、それぞれが建設市場のおおよそ半分ずつを占める。しかし発注者は異なり、土木は約80%が公共からの、建築については約90%が民間からの発注となる（**図4-6**）。

国土交通省が他の省庁と大きく異なるのは、土木分野においてはデジタル化、IT化の対象が政府、国、自治体側にある点だ。基本的に、デジタル化を迫る取り組みは民間企業に多い中で、建設分野に関しては国交省自らがプレーヤーとなってデジタル化を推進することができる。

建設分野のデジタル化は、不動産のライフサイクルの最上流である建設、開発に該当するため、いずれConTech、PropTechが合流した取り組みになると予想される。

図4-6　土木と建築の発注者の違い。土木は約80％が公共からの、建築は約90％が民間からの発注となる。（国土交通省の資料「建設産業の現状」を基に本書作成）

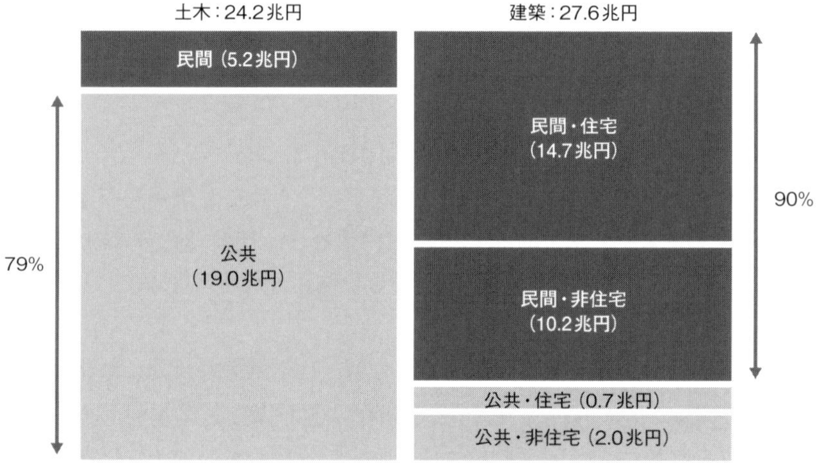

大学、アカデミックの研究：中長期かつ中立な業界発展に向けた投資

PropTech、不動産市場のイノベーションには、大学をはじめとする学術分野の先端研究および高度人材が欠かせない。

海外では、英国のOxford大学のAndrew Baum教授らがPropTechに関する研究、レポート『PropTech 3.0: the future of real estate』を発刊するなどしている。一方、日本国内では、金融分野を起点とした不動産金融市場に関する研究や人材は多いものの、「不動産」に関する研究を行う人材や論文が少ないという課題があった。

そこで、2020年に国土交通省が中心となって発足したのが、東京大学不動産イノベーション研究センター（CREI）である。センター長（機構長）には、柳川範之教授が就任、国土交通省不動産市場整備課長の経験のある武藤祥郎氏が東京大学大学院経済学研究科特任教授としてCREIに所属し、研究を実施している。

寄付企業には、三菱地所、森ビルなどの大手不動産会社やヤマトホールディングスが参加し、民間企業、省庁、大学、業界団体といった各プレーヤーが協力することで不動産業界全体を俯瞰したイノベーションの推進を目指して活動が開始された。

CREIでは、大都市の都市力・国際競争力向上に必要な制度改善の在り方にかかわる研究や、不動産情報の集約化と評価・分析方策の在り方に関する研究など、複数のテーマ、研究会を発足し運営している。

不動産業界のイノベーション促進の課題の一つにデータの不足が挙げら

れる。しかしながら、CREIのような学術機関が、民間企業としての個社の利益ではなく、業界全体の利益を目指して各社に協力を打診し、データの一部提供などを受けながら研究を推進できることの意義は大きい。

スタートしたばかりの取り組みではあるものの、海外への情報発信、連携も含め、今後が一層期待される。

カンファレンスのビジネスマッチング：海外ならではの商習慣

エコシステムのプレーヤーの一人に、カンファレンス事業者の存在がある。日本では、大型の会場を活用した産業展を運営する事業者のイメージに近い。しかし海外と日本では、根本的に大きな違いがある。海外のそれは、参加費が非常に高額であるということ。実際、PropTech、Fintech、ConTechのカンファレンスは規模や開催日数によるものの、安いケースで日本円で5万円程度、高いケースでは実に30万円程度になる。

ここには、明確な商習慣の違いがある。米国や欧州では、取り引きをする場合にも遠隔になることが多い。仮に米国内であっても、西海外と東海岸とでは直接面会してビジネスを進めることは難しいのだ。従って英語圏では、意思決定権者が効率良くビジネスミーティングできる場所がカンファレンスとされている。だからこそ参加費は高額だし、経営陣などを対象としたVIPディナーなどが用意されている。

先行するFintechでは、国際会議などのビジネスイベント運営事業を手掛ける多国籍企業、informaグループが展開するカンファレンス「Finovate」がある。2007年に始まったこのカンファレンスは、元祖Fintechカンファレンスと言える。Fintechのスタートアップが世界中から集まり、プレゼン資料を使わずにデモだけで事業を紹介するイベントだ。ニューヨークで開催されて以降、毎年開催地を拡大し、現在ではニューヨーク、サンフランシスコ、ロンドン、香港、ドバイといった地域で毎年複数回開催されている。参加者は毎回数千人、参加費用は10万～20万円程度に上る。

PropTechのカンファレンスも、世界各地で開催されている。先に挙げた「NYC Real Estate Tech Week」は、その代表格だ。カンファレンスプレーヤー内で驚きだったのは、7万人以上のコミュニティを構成し、ニューヨークを拠点にイベントやリサーチを展開するCREtechが、ロンドンを拠点に世界最大規模のPropTechカンファレンスを運営するFuture PropTechを2019年に買収したことだ。2015年に設立されたFuturePropTechは年々参加者を増加させている注目のカンファレンスだった。

筆者らも2019年から参加しており、同年の「FuturePropTech2019」にはインターナショナルゾーン（各国のPropTechコミュニティのためのブースエリア）にPropTech JAPANとして出展し、海外関係者とネットワーキングを深めた。FuturePropTech2019には世界中から2000人以上が参加した（**図4-7**）。

FuturePropTechがCREtechグループ入りすることで、世界最大のPropTechカンファレンス、コミュニティ、リサーチ機関となる予定だったが、新型コロナウイルスの影響でカンファレンスは実施することができていない。

2017年からフィンランド・ヘルシンキで開催されているのが「RECOTECH」だ。RECOはReal Estate（不動産）とConstruction（建設）の頭文字から来ており、北欧最大のPropTechカンファレンスとなっている。同イベントは世界的なスタートアップイベント「Slush」の公式サイドイベントの位置付け。テーマとして、カンファレンスが独立して実施され

図4-7　世界中から2000人以上の参加者が集まった「FuturePropTech2019」。各国のPropTechコミュニティがブースを出すインターナショナルゾーンに、筆者もPropTech JAPANとして出展。海外関係者とネットワーキングを深めた。

ることで、PropTechというキーワードの規模、影響が分かる事例といえる。

2017年ごろから、世界中でPropTechをテーマにしたカンファレンスが開催されるようになった。まさに世界同時多発的に、PropTechがブームになっているのである。

ダイバーシティの重要性：海外関係者に言われた一言

「シュン（筆者のファーストネーム）、日本のコミュニティだなんてクールで素晴らしいチャンレンジだね。ところでダイバーシティについては、どのように考えているんだい？」

初めて訪れた海外のPropTechカンファレンスで、最初に交わした言葉だ。以降、どの地域に行っても、必ずと言っていいほど、筆者はこの言葉と向き合うことになった。

筆者は仕事柄、海外に出張することも、海外の人たちと会議をすることも多い。新型コロナウイルスの感染拡大以前は、1～2カ月に一度のペースで北米や欧州、中東、アジアなど各地域を訪問し、スタートアップや投資家、コミュニティ関係者と面談したり、カンファレンスに参加したりしていた。

PropTech、Fintech、ConTechといったキーワードは世界の共通語である。この一言があれば、どんな地域であっても同じ取り組みをしている人とは話が通じ合い、志を共有することができる。そんな海外のスタートアップ関係者たちは、とにかく行動すること、チャレンジすることに対する敬意、その相手に対する敬意を強く持つ。これは、日本のビジネス関係者と大きく異なる点である。

筆者が、PropTech JAPANのFounder（創設者）で、かつ日本で最初のPropTech特化のベンチャーキャピタルを立ち上げた旨を伝えると、必ずと言っていいほど、「クールだね。素晴らしいチャレンジだ」との言葉をもらう。そして必ず、日本のPropTechコミュニティ、エコシステムの動向について聞かれるので、これこれと活動の様子を伝えると、これもまた必ずと言っていいほど次のような言葉が返ってくる。

「シュン、君たちの活動は素晴らしいね。ところで、参加者の男女比はどのくらいなの？　君が見せてくれた活動の写真には、男性の登壇者しかいないようだが…」

この言葉を初めて聞いたときは驚いてしまった。実際、女性の参加者は30％に満たないことを伝えると、

「そうか、シュンはコミュニティのダイバーシティについてどう考えているんだい？　女性の参加者や登壇者が少ないという課題についてはどのように取り組んでいるんだい？」と、質問攻めに合う。こうしたやり取りは性別や国籍に関係なく頻繁にやり取りされる。

筆者はコミュニティの主催者であるため、コミュニティのダイバーシティについて考え、行動する義務がある。しかしながら、国内ではそれを強く意識したことはなかった。海外のPropTech関係者と交流する中で、ダイバーシティや性別に左右されない機会確保について真剣に考えるようになったのである。

以上は、筆者の体感だが、Fintechの金融以上に、PropTechの不動産、建設のコミュニティでは、ダイバーシティに関する課題は大きい。なぜな

図4-8　産業大分類別に見た、従業者数の男女比。男性比率は、「建設業」では相当高く、「不動産業、物品賃貸業」でもかなり高い。（総務省の資料「経済センサス総合ガイド」を基に本書作成）

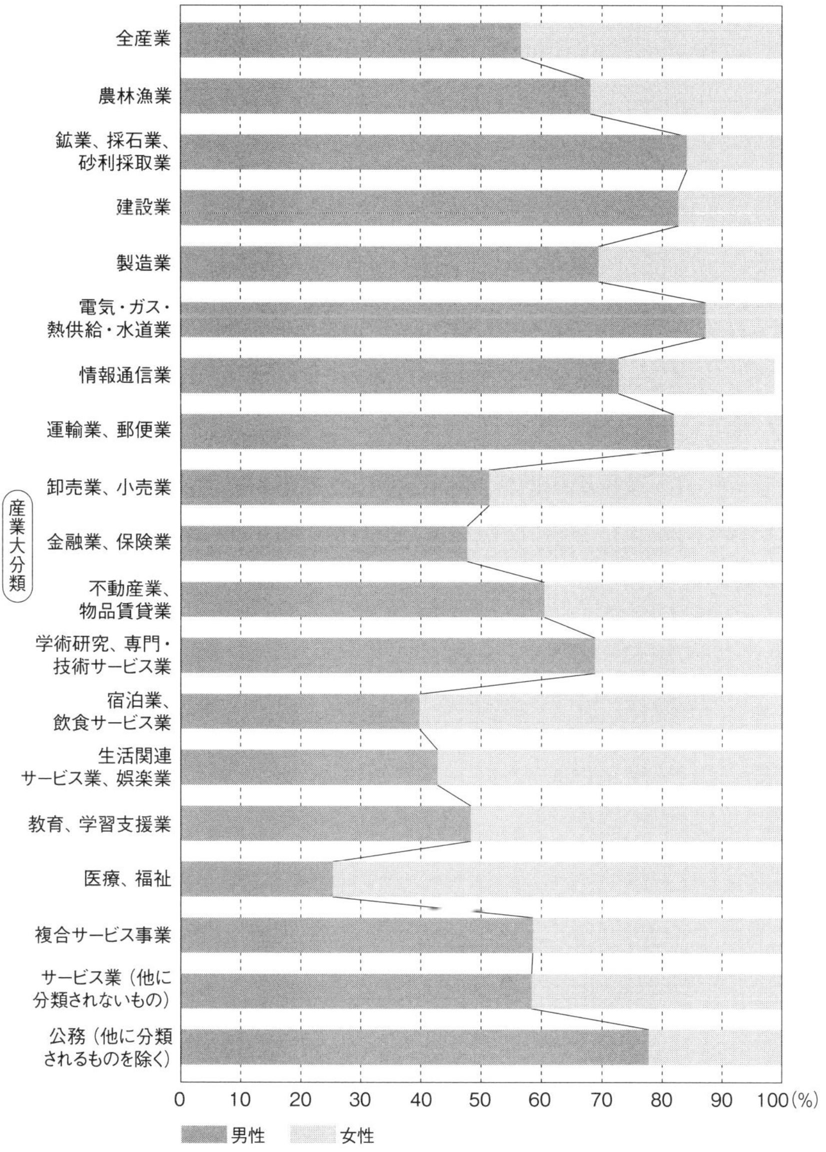

ら、不動産業界自体が圧倒的に女性が少なく、それは日本でも同じ状況だからだ（**図4-8**）。

イノベーションや中長期的な業界発展を議論し行動する中で、似たような年齢の男性ばかりでは「イノベーションは創出できない」「多様性からイノベーションが生まれる」という考え方は、PropTechに限らず、IT業界を中心に浸透してきている価値観だ。

海外では、日本と根本的に異なる点がいくつかある。まず、コミュニティにおける性別の考え方。北米、欧州の関係者と会話をしていると、性別を明確に「区別」して議論し、プロジェクトを進めている。例えば、次のようなものだ。

女性は男性と異なり、結婚や出産といったライフイベントの際には身体的に時間の制約を受ける。その時点で男女差が明確にあるのだから、その差をカバーしフォローすることがリーダーやコミュニティの役割だという考え方である。

さらに日本では、多くの企業やコミュニティが「実力主義に基づく評価をしている」と答える。もちろん、筆者はこれを否定しないが、海外においてはこの発言自体が受け入れられにくい。実力主義の場合には、明確に差が生じることを考慮して機会の均等化など取り組むべきことを実施した上で、実力を評価すべき、という考え方だ。そのため、コミュニティにおける登壇者の選定の際なども、「女性だから登壇させるということはせずに、実力主義でメンバーを選定しました」ということは海外では受け入れられない。

以上は価値観の議論であるので、海外のやり方でも日本のやり方でも、優劣や良し悪しを決めるつもりはない。

例えば、2015年から開催されている欧州最大のPropTechカンファレンス「Future PropTech」においては、主催者とスポンサー企業が約束するKPI（重要業績評価指標）の一つに、「登壇者の女性比率を半数以上にすること」などが設けられている。それは主催者の責務であり、主催者が取り組むべきものだ。そしてFuture PropTech2019では実際、女性登壇者を半数近く招へいし、カンファレンスを運営している。

実は、その実現には、「Women in PropTech」という米国のニューヨークに本部を置く非営利団体が大きく関与している。2018年に設立されたこの団体は、不動産分野のイノベーションと革新に興味のある女性を対象としたコミュニティとして、多様性の問題への取り組みや、PropTechで働く優秀な個人のグローバルハブになることを目的に設立された。ニューヨークをはじめ、カナダのトロント、英国のロンドンに支部があり、女性プロフェッショナルの育成を目指してパブリックスピーキングの指導を行ったり、カンファレンス主催者に対してスピーカー候補を紹介したりしている。ダイバーシティの問題に対しては、メンバーが積極的に発信を行い、男性比率が高い不動産業界に変革をもたらそうと取り組んでいる。

性別のみならず、国籍や人種に関する問題は、米国を中心にたびたび話題となり、有色人種、女性、LGBTQのメンバーが創業した、スタートアップに投資するBackstage Capitalといった会社も誕生している。

こうした問題は、日本では具体的に体感することが難しいが、海外では重要なテーマとして取り組まれている。PropTechを含む不動産、建設、金融産業のイノベーションを推進する筆者ら、そしてリーダーたちは、今後一層の取り組みが求められていくことになるだろう。

環境配慮に向けた責務：直視して行動しなければならないフェーズに

ダイバーシティと同様に、日本と海外で温度差のあるもう一つのトピックが、地球環境問題やダイバーシティを含めたESG（環境、社会、企業統治）に対する取り組みである。

とりわけ欧州ではその傾向が強く、環境に配慮した建築資材の開発、建設プロセスの見直し、不動産管理の実施など、関連するスタートアップのソリューションは毎月のように登場している。

そこでまず、ESG投資について見ていこう。ESGは環境（Environment）、社会（Social）、ガバナンス（Governance）の頭文字を合わせた言葉だ。これまでの投資は、利益などの定量的な財務情報を主に使用してきたが、最近では非財務情報のESG要素を考慮するようになってきた。この観点からの投資を「ESG投資」と呼んでいる。

このきっかけは、2006年に国連のKofi Atta Annan事務総長が機関投資家に対し、ESGを投資プロセスに組み入れる「責任投資原則」（PRI、Principles for Responsible Investment）を提唱したことと言われている。GPIF（年金積立金管理運用独立行政法人）が2015年にPRIに署名し、その後ESG投資を開始。近年のSDGs（持続可能な開発目標）への注目もあって、より盛り上がりを見せている。

近年、日本の不動産会社からも「GRSB対応」という言葉を聞くようになった。GRSBとは、2009年にオランダで設立された不動産領域におけるESG評価機関だ。2020年は、1200社以上の不動産会社、REIT、ファンド、不動産デベロッパーを対象に、5.3兆米ドル相当の資産ポートフォリオについてESG評価を実施し、100を超える機関投資家、金融機関向けに情報提供を行っている。

GRSBは採点評価を採用しており、建物内の電気、水道の消費量や、従業員の衛生環境など、ESGに基づく取り組みをREITが実施しているかを評価している。機関投資家はこの評点を投資の意思決定にしており、ESG投資に熱心に取り組めばREITに資金が投下されるという仕組みである。そのため、このESG投資のプロセスそのものを手助けするサービスをはじめ、ESGの個別具体のテーマをサポートするサービスまで実に多岐にわたるサービスが展開されている。

2010年に米国で設立されたSageGreenlifeは、ESGにおけるPropTechの代表的な企業の一つである。同社は、オフィスや店舗の壁面に、水耕栽培の生きた植物やグリーンによる「緑の壁」を設置することができるプロダクトを開発、提供（**図4-9**）。屋外の緑は外面温度の取り込み効果が、室内の緑は空気環境の改善効果が高く、環境負荷を軽減するプロダクトであるとしている。同社は特許を保有し、この分野におけるリーダー企業となっている。

そんな同社によれば、オーストラリアのシドニー工科大学は、職場全体に植物がある労働者はストレスレベルとネガティブ感情を30～60％低減できるとし、職員のウェルビーイングや精神衛生の改善に効果があるとしている。この他、大手企業でも導入が進んでいるという。

同社のプレゼンは、筆者も米国で聞いたことがあり、多くの参加者の関心を集めていた。PropTechスタートアップという視点に立つと、緑を育てる壁を開発する企業はイメージできないかもしれない。しかし、世界ではこうした取り組みも含めて、全てのアジェンダが等しく重要なテーマとして扱われている。

図4-9　SageGreenlifeがオフィスや店舗の壁面に設置する、植物やグリーンによる「緑の壁」。モノクロの写真では見にくいが、右の壁面がそれ。米国シカゴの不動産仲介業者であるThe Flanklinに設置された。(SageGreenlife のホームページより)

さらに2020年には、PropTech for Goodという新たな取り組みが誕生した。地球上の現在および将来の世代の生活に大きな影響を与える不動産に着目し、この領域でイノベーションに取り組むコミュニティが中心となってSDGsの達成を目指すための国際的なアライアンスプロジェクトが、それだ。2015年に193カ国が署名したSDGsの達成までには、あと10年である。

PropTech for Goodには現在、33か国が参加し、日本のPropTech JAPANも参画している。FounderのMenno Lammers氏には、本書のコラム「キーパーソンに聞く」に登場してもらった。同氏は、グローバルのPropTechコミュニティに初期から参画する人物で、PropTechの中心人物の一人である。その彼が2020年にPropTech for Goodの旗振り役を担い、あっという間に各国のPropTech関係者が集結したのである。現在は、各国におけるPropTechを起点にしたSDGsの取り組みに関する発信を準備しており、PropTech JAPANも日本の複数の企業の取り組みを海外に向けて発信する予定だ。

ESG投資、SDGsへの取り組みは、国際的に合意が得られた共通の活動目標であり、形だけの取り組みや、静観するだけでは確実にグローバルの取り組みから後れを取ってしまう。徐々に各国の規制、経済政策にも反映されていくことが予想されるため、日本からも積極的な取り組みと海外への発信を強化したい分野の一つと考えている。

コラム

キーパーソンに聞く

最高のPropTech起業家のライフサイクルパートナーになる

MetaProp 共同創業者・マネージングパートナー **Aaron Block氏**

Q

Blockさんは現在、米国はニューヨークを拠点とするPropTechに特化したベンチャーキャピタルであるMetaPropの共同創設者で、マネージングパートナーとして活躍されています。自己紹介をお願いします。

A

私はかつて、米国とロシアのeコマース・ショッピングと配送のスペシャリストで、eBay.comのロシアの消費者向け独占シッピングパートナーであるBayRu,LLCの会長を務めていました。

2010年、私は投資家兼CEOとして入社した後、BayRuはロシアで8番目に大きい国際的なオンライン小売業者に成長しました。2013年には、米国で最も急成長している株式非公開企業「Inc5000」における「トップ100小売企業」リストの11位にランクインし、BayRuは米国商務省の公式輸出促進誌から「今年の輸出企業」に選ばれました。

Aaron Block　不動産とテクノロジーの融合に焦点を当てたベストセラー作家であると同時に、講演者、起業家、そして投資家として活躍。2015年、PropTech業界に特化したニューヨークのベンチャーキャピタル、MetaProp社を共同設立し、マネージングパートナーを務める。同社の投資チームは、不動産のバリューチェーン全体で130社以上のテクノロジー企業に投資実績を持つ。

BayRu入社以前は、世界最大の総合不動産サービス会社の一つであるCushman & Wakefield（クッシュマン・アンド・ウェイクフィールド）の商業用不動産会社のエグゼクティブであり、シカゴ地域のリーダーとして270人以上のプロフェッショナルを監督していました。「トッププロデューサー」「最もクリエイティブなディール」「エージェンシー・オブ・ザ・イヤー」「最も有望な仲介プロフェッショナル」など、私は、不動産キャリアの間に多くの栄誉と賞に輝く機会に恵まれました。

こうした経歴から、私は、不動産イノベーションのリーダーとして広く認知されています。米Columbia大学では客員講師を務め、Amazonのベストセラー『PropTech 101』の共著者でもあります。2019年には、『Commercial Property Executive Magazine』の「2019 Executive of the Year」に選ばれました。私の仕事については、『The Wall Street Journal』『Forbes』などを含む、数10の国際的な書籍やメディアで紹介されています。

元々、私は米国のIllinois大学で文学士号を、DePaul大学でMBAを取得。仕事以外でも、数多くの組織の役員を務めました。母国語は英語ですが、スペイン語、ロシア語、日本語などの外国語を定期的に学習しています。

Q

輝かしい経歴をお持ちですが、Blockさんと PropTechとの出会い、取り組みを開始したきっかけはどのようなものですか。

A

私たちは、スタートアップ投資をはじめ、テクノロジースタートアップや不動産業界での経験が豊富にありました。そんな中、素晴らしい国際的なパートナーたちと力を合わせてビジネスを構築する機会を得たことから、PropTechに関する取り組みを始めました。

Q

現在の世界のPropTechエコシステムの状況をどのようにご覧になっていますか。

A

2020年は新型コロナウイルスの影響で、私たちの生活全体に予想外の変化と課題をもたらした、これまでに類を見ない年でした。

この危機と不確実性の時代は、不動産業界を席巻する史上最大のイノベーション活動のうねりの中で起こっています。さまざまなスタートアップエコシステムの中で過去10年、PropTechはそこまでの存在感を発揮できなかったセクターから、ここに来てテック業界で最も急成長しているセクターの一つに成長したのです。

世界最大の資産におけるイノベーションの巨大な機会が、起業家の才能と機関投資家の資本の増加をひきつけているため、このイノベーション活動を支援するための資金は年間5億米ドル未満から年間100億米ドル以上に増加しています。

Q

Blockさんは、PropTechに特化したベンチャーキャピタルであるMetaPropの共同創設者のお一人です。MetaPropについて教えてください。

A

MetaPropは2015年に設立されて以来、ニューヨークを拠点に、これまで不動産バリューチェーン全体で125社以上のテクノロジー企業に投資してきました。

当社は、複数のファンドを運営しています。中でも、金融および戦略的不動産投資家の両方を対象としたファンドは、あらゆる不動産資産の種類とグローバル市場で約14億m^2以上の試験的なサンドボックスを提供しています。

パートナーは、PGIM（ピージム）、Mitsui Fudosan（三井不動産）、CBRE、JLL（ジョーンズ・ラング・ラサール）、Cushman & Wakefield、RXR、Bridge Investment Group（ブリッジ・インベストメント・グループ）などのグローバル不動産企業や投資会社です。

Q

Blockさんは、どうしてMetaPropを創設し、今後はどのようにしていこうとお考えですか。

A

私たちの当初のビジョンは、新しいテクノロジー、投資資本、そして世界の不動産業界をつなぐ「結合組織」になることでした。現在は、このビジョンの一部を達成し、世界一のアーリーステージのPropTech特化型ベンチャーキャピタルとなっています。

今後、さらに急成長を続け、最高のPropTech起業家と新しいスタートアップたちに投資するための新しいファンドや戦略を構築していきたいと思っています。

最終的な目標は、最高のPropTech起業家たちのための数少ない「ライフサイクルパートナー」の一人となることです。その一方で、私たちの最大の課題は、偉大なスタートアップの創業者を見つけ続け、より長期的な投資のパートナーと関係を構築し続けることだと思っています。

Q

日本語も学習しているというBlockさん、日本の読者にメッセージをお願いします。

A

はい、日本語は現在も勉強中です。MetaPropは長年にわたって、日本の投資家やスタートアップがグローバルトップのPropTechとつながるお手伝いをしてきましたので、読者の皆さんのお役に立てることと思います。特に、スタートアップの資金調達や投資先を探している企業は大歓迎です。関心のある方はぜひ、私に直接ご連絡ください。

e-mail：ablock@metaprop.vc

第5章

PropTechで何が変わるのか

PropTechの取り組みが広がっていくと、不動産と人の関係性が変わり、暮らしや働き方に大きな変化が生じる。暮らしや働き方が変わるということはさらに、その舞台であるまちも変わるということ。「暮らし」「働き方」「まち」の3つに、大きな変化が訪れる。

変化の起点となっているものは大きく三つある。一つ目は、消費者の価値観や行動の変化。二つ目は、スマートフォン（スマホ）を含むテクノロジーの進化。そして三つ目が、規制を含むルールの変更、新設などの規制改革である。

これら三つのうち一つの変化でも大きな変革をもたらすことがあるが、PropTechが対象とする不動産、建設、金融の業界ではこれら三つの変化のトリガーが絶妙なタイミングで合流し、同時多発的に重なり合っている。

これらの起点をきっかけに、PropTechによって「暮らし」「働き方」「まち」はどのように変わるのか。本書全体のまとめとして整理していこう。

「暮らし」が変わる

私たちの暮らしや生活が変わるのは、PropTechによってその基盤になる住まいとの関係性が変わるからだ。住宅を借りるにしても買うにしても、その借り方、買い方には、新しい選択肢が登場しつつある。これまでにない借り方、買い方が、人と住まいとの関係を変え、そこで営まれる暮らしのありようも変えていくのである。

そこには「住環境」の最適化がある。これまで私たちは、「不動産」に合わせて生活を構築することが多かった。簡単には引っ越すことができないので、自分たちのライフスタイルや家族構成が変わっても、フレキシブルに住居を変えることはできなかった。しかしこれからは不動産、およびその周辺サービスが消費者、ユーザーに合わせて変化し、それを自由に選べる時代となる。詳細をみていくとしよう。

「おとり広告」がなくなる ➡ リアルタイム業者間サイトの衝撃

まず賃貸住宅の取り引きからみていこう。

多くの人の場合、「家を借りる」という行為は、大学に入学した際や新社会人として会社に入社した際に、一人暮らしをするためのアパートやマンションを探して借りる、という行動が入り口となるだろう。

不動産業界にとっての賃貸住宅は、多くの消費者を不動産取り引きに受け入れる入り口と言える。いきなり自宅を購入したり、不動産に投資をしたりする、という方は圧倒的に少数だろう。

その後、私たちはライフステージやライフイベントごとにヤドカリのように住み替えを行う。ライフイベントも増加して年齢を重ねるほど引っ越しの平均回数は増加する。

国立社会保障・人口問題研究所が2016年に実施した「第8回人口移動調査」によれば、借り方の全年齢における引っ越し回数の平均値は3.04回。その数は、50～54歳で最も多く、4.23回となる。つまり、私たちは平均して生涯で4回程度しか引っ越しをしないことになる。

こうして見てみると、私たちは数年から数十年に一度しか家探し、引っ越しをしないといえる。そして、その入り口の多くは賃貸住宅であろう。その「家を借りる」という領域にいま、大きな変化が生じている。最大の変化は賃貸住宅取り引きが全てオンラインで完結するという点だ。

賃貸住宅の取り引きは、物件探し、内覧・内見、申し込み、契約、引っ越し、入居というプロセスが一般的である。これらの手続きのオンライン化、効率化を、民間事業者および国としても進めている状況だ。当該分野は、消費者（家を借りたい人）の取り引き頻度が低いため、取り引きプロセスそのものに対する不満やニーズが顕在化しにくいという課題がある。

従来から取り上げられる問題として、物件探し時の「おとり広告」の問題がある。物件探しは、物件の募集情報が掲載された不動産ポータルサイトなどで探すオンラインの場合と、路面店などの不動産店舗のオフラインの場合に大別される。

賃貸物件でのおとり広告とは、インターネット情報に「募集中」の空き情報として掲載されているにもかかわらず、実際には契約中で空きがない、あるいは物件そのものが存在していない、言い換えれば契約ができないのに掲載されている物件情報を指す。そんなおとり物件が掲載されている場合には、掲載している不動産ポータルサイトへの信用問題につながるため、ポータル運営事業者も対策を講じている。

そもそも、おとり広告の原因としては、不動産会社が募集物件情報の取り下げを失念するといった悪意のない場合と、悪意を持って掲載する場合に分かれる。賃貸仲介を行う不動産会社は、消費者がおとり広告で来店をすることで、他の物件を提案し成約を狙うという手法である。

ポータル事業者は、こうした行為を排除すべく取り組みを行っている。不当景品類及び不当表示防止法（景品表示防止法）に基づき、公正取引委員会および消費者庁長官の認定を受けた「不動産の表示に関する公正競争規約」（不動産広告のルール）と、「不動産業における景品類の提供の制限に関する公正競争規約」（景品提供のルール）を運用する不動産業界の自主規制団体である公益社団法人首都圏不動産公正取引協議会の中には、不動産ポータルサイト事業者から構成される「広告適正化部会」が存在する。

同部会は、おとり広告の調査を実施し、違反事業者には違約金課徴といった措置を講じている。具体的には、アットホーム、CHINTAI、LIFULL、リクルート住まいカンパニーの4サイトの中から、一定のロジックに基づき、契約済みの「おとり広告」の可能性が極めて高いと思われる335物件を抽出し、これらの物件を掲載している事業者36社（43店舗）を調査対象とした。

その結果、調査対象の335物件のうち41物件（12.2%）が「おとり広告」と認められた。事業者別では、36社のうち13社（36.1%）に、店舗別では、43店舗のうち15店舗（34.9%）に「おとり広告」が認められた。

こうしたおとり広告の問題については、ポータルサイト事業者においても対策部署や担当者を設置して対応している。

おとり広告がない、OHEYAGOの仕組み

事業者によるこうした努力の一方で、消費者側の不満が顕在化しにくいという課題もある。

住宅探しは頻繁にするものではなく、気になった物件を見つけて問い合わせの電話をする。その際に、「ちょうどその物件は埋まってしまいました。他に似た条件の良い物件があるので一度来店されませんか」と言われれば、慣れていない消費者はそれがおとり広告であっても気が付かない。しかも、内見のために来店してから、「実はこの物件は埋まってしまいました」と言われるケースもある。いずれにせよ、消費者の多くがそもそもおとり物件だと気付いていないことが多い。

おとり広告の問題は他産業でも発生している。例えば中古車業界では、存在しない中古車情報を用いて消費者の来店を促しているところもあったという。しかし中古車については現在、ポータル事業者らによって「車体番号」を管理するなどの仕組化でおとり広告がなくなったとされる。

その一方で、不動産には車の車体番号のようにユニークな識別子はない。この課題に対し、不動産賃貸領域においてユニークな仕組みで取り組むのが、イタンジである。

同社が運営する不動産ポータルサイト「OHEYAGO（オヘヤゴー）」は、セルフ内見型賃貸サイトと名乗っている。おとり広告がなく、不動産会社への来店も不要で、オンライン契約ができる次世代の賃貸取り引きの形といえる。

では、なぜ、おとり広告が存在しないのか——。それは同社が運営するリアルタイム不動産業者間サイト「ITANDI BB」の存在がある。従来から不動産管理会社を対象に業務効率化のSaaS（ソフトウエア・アズ・ア・サービス）を提供してきたイタンジは、大手不動産管理会社をはじめとした顧客基盤を有する。

不動産の賃貸仲介業務では、不動産仲介会社が不動産管理会社に対して物件の空室状況を電話で確認する「物件確認」と呼ばれる業務が存在する。店舗に来店した方は、物件の間取り図を見ながら目の前の不動産屋さんが電話で確認するところを一度は見たことがあるだろう。

物件確認は、仲介、管理双方にとって業務効率を低下させる、アナログな業務の代表格だった。そこでイタンジでは、こうしたアナログな業務のIT化、電子化に貢献するサービスを複数展開している。その一つがITANDI BBだ。

ITANDI BBは、物件検索から内見、入居申し込み、契約、更新、退去手続きまでを一気通貫でサポートする、不動産リーシング業務の不動産会社向けサービス。現在、約1800店舗の管理拠点で導入、約3万5000店舗の仲介拠点で利用され、VR（仮想現実）コンテンツ機能をVRベンチャーと提携して自動連携するなどの取り組みを展開。賃貸物件への入居申し込みと募集情報を即座に同期させることで、賃貸可能な物件をリアルタイムで検索できる不動産業者間サイト機能を実装している。いわゆるプロ向け、不動産業者向けのサイトである（**図5-1**）。

仲介会社の視点で見ると、上述の物件確認が不要となり、業務時間を削減することができる。入居希望者に対しては、「今、賃貸可能な部屋」のみを紹介することができ、オンライン上から内見予約や入居申し込みの手続きを可能とする。しかもITANDI BBのリアルタイム不動産業者間サイトへの物件掲載は無料だ。

2021年2月、ITANDI BBのリアルタイム不動産業者間サイトは、仲介会社からのアクセス数が月間100万PVを突破、掲載物件数は約15万件となった。同サイトは2020年6月にオープンして以降、着実に掲載物件、利用者数を増やしている。

イタンジは、日本で運営されているレインズや、米国のMLSのような業者間データベースを自社で作り上げた。そしてOHEYAGOの裏側では、物件データがITANDI BBと連携しているため、おとり広告が掲載されない仕組みとなっているのである。

申し込みから契約までの全てをオンラインで実施

筆者は、イタンジが運営するOHEYA GO、ITANDI BBは、近年の不動産業界における大きなイノベーションの一つであると考えている。イタンジ

図5-1　おとり広告がないOHEYAGO。その理由は、管理会社が登録した物件情報とリアルタイムに連動したデータベースを基に、システムが自動で物件情報を掲載している点にある。募集が終了した物件は自動で掲載終了になり、おとり物件が存在しない。

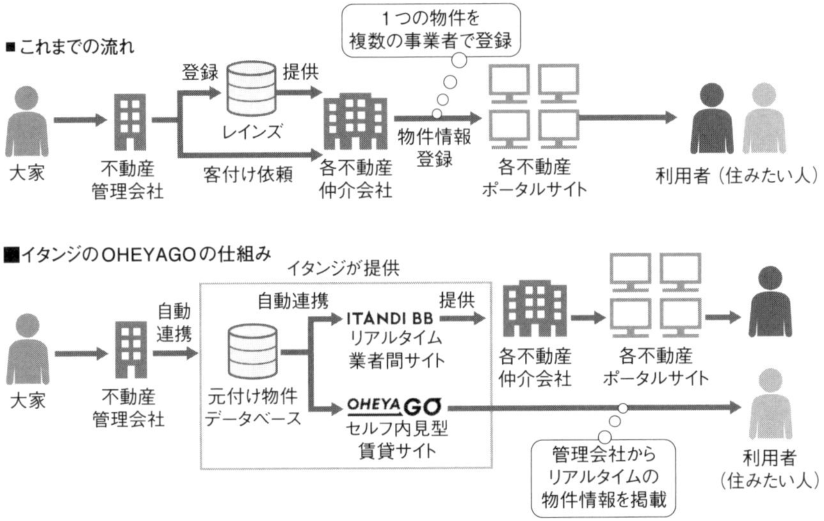

は、不動産賃貸物件の流通フローそのものを根底から変えているためだ。

従来の不動産ポータルサイトは、年末年始から年度末の引っ越しシーズンに向けて、テレビCMなどで消費者を集客し、不動産仲介会社から広告費や掲載費用を徴収する形で収益化してきた。仲介会社には、物件広告に対する反響ごとに課金する反響課金を実施するなどしてきたが、ポータルサイトから見た「顧客」は仲介会社である。そのために、ポータルサイト自身が仲介会社として物件を仲介したり、おとり広告に対しての取り締まり罰則化にも取り組みにくい状態にあったりした。少なくとも20年以上、根本的にこの構造に変化はなかったが、業者間のプロ向けサイトを作り、リアルタイムなポータルサイトをイタンジが作り上げた。

さらにイタンジは、「不動産仲介会社」として掲載した物件の仲介を実施している。そのため、OHEYA GOを通して申し込みから契約まで全てオンラインで実施することができるのだ。消費者にとって大きな課題だった、「掲載された物件が契約できない」「不動産会社と電話やメールの連絡待ちをしないといけない」「内見後に不動産屋に来店しないといけない」「契約に際して複数の紙書面をやり取りしないといけない」といった全てのプロセスをオンラインで完結することに成功している。

ただし、OHEYA GOは、開始間もないサービスであるため、掲載物件数が少ない点が課題となっている。掲載物件情報の重複があるものの、大手不動産ポータル事業者の「SUUMO（スーモ）」や「LIFULL HOME'S（ライフルホームズ）」には400万～600万件の賃貸物件情報が掲載されている。既存のポータルサイトと比較して数は少ないものの、リアルタイムの物件情報掲載がイタンジで実現できていることは新たな時代の幕開けと言えるだろう。

今後、イタンジと競合するサービスなども出現すれば、より一層消費者にとって賃貸住宅取り引きが便利になっていくであろう。一方で、従来のポータルサイトとは物件情報の仕入れ方法が根本的に異なることから、参入の難易度が高い点は留意すべきであろう。

OHEYA GOの実現には、優れたビジネスモデルに加えて、不動産取り引きのオンライン化に向けた規制動向も密接に関与している。

紙と来店面談がなくなる ➡ 非対面化を後押しする「IT重説」の推進

2021年2月9日、政府はデジタル改革関連法案を閣議決定し、宅地建物取引業法を含む法律を対象とした「押印撤廃・書面の電子化」に関する一括改正法案を発表した。不動産業においては、賃貸・売買契約における重要事項説明の非対面化、および書類（34条、35条、37条書面）手続きの電子化が、公布から1年以内に施行される予定である。

取り組みの経緯を見てみよう。国土交通省は、2014年に「ITを活用した重要事項説明等のあり方に係る検討会」を設置し検討を開始した。

重要事項説明とは、賃貸契約を結ぶ際に実施する、消費者に理解してもらう必要がある項目、例えば物件の設備や契約条件等の契約内容などについての説明を指す。重要事項説明は、宅地建物取引業法で義務付けられており、仲介会社は宅地建物取引士による対面、口頭での説明が必要だった。2015年には、賃貸取り引きにおけるIT重説の社会実験を開始し、実業務において支障や課題がないかの検証を開始。2017年3月に社会実験の取りまとめ報告を発表し、問題がないことが確認されたことで、同年10月から本格運用がスタートしている（**図5-2**）。

IT重説は、全ての不動産事業者が実施しているわけではなく、また消費者からも対面か非対面かを選択することができる。さらに重要事項説明書

図5-2　ITを活用した重要事項説明などに関する社会実験の概要。賃貸取り引きにおけるIT重説は2017年10月から本格運用がスタートしている。（国土交通省のホームページ資料「宅建業法にかかるITを活用した重要事項説明等に関する取組み」を基に本書作成）

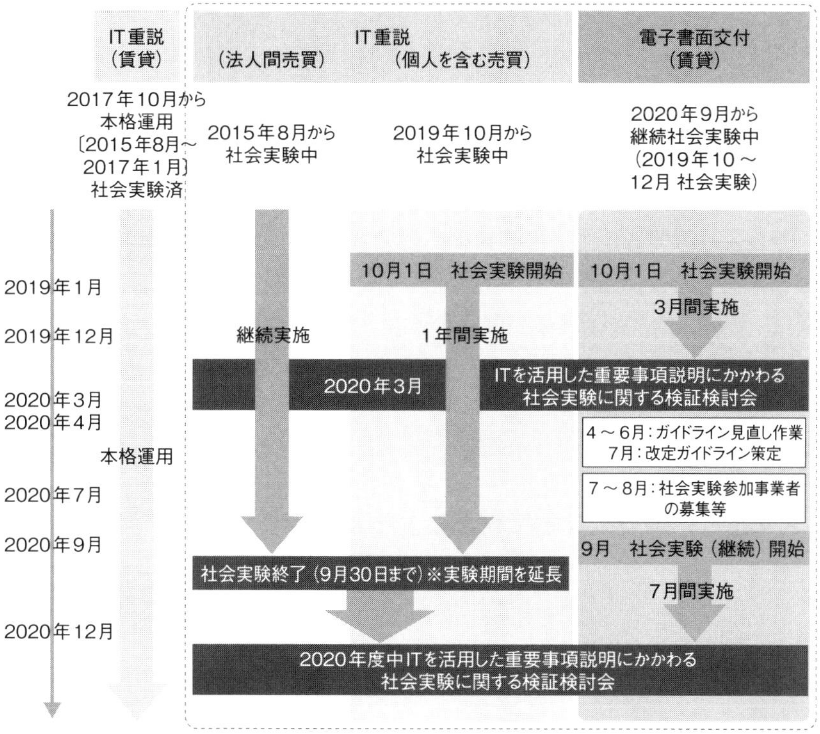

面の電子化についても、2019年から社会実験を行い、賃貸取り引きについては重要事項説明の非対面、電子化が実施されることになった。

上述したイタンジのOHEYA GOでは、2021年1月度において利用ユーザーの50%がIT重説を選択したと公表している。IT重説に対する消費者ニーズが強いことが伺える。

米国では、賃貸だけではなく、売買についても契約の電子化が進んでおり、電子契約サービスの活用も進んでいる。今後数年で、日本国内の不動産売買領域においても、IT重説や書面の電子化が進んでいくことは間違いないだろう。

さらに、消費者の観点で言えば、例えば子供の大学入学に伴い、遠方にある下宿先の賃貸住宅を親が契約しないといけない場合にIT重説を活用すれば、大幅に時間やコストが削減できる。不動産の取り引き、契約が「いつでも、どこでも」実施できることで、消費者と不動産事業者にもたらすメリットは大きなものになるだろう。

「スマホで始まりスマホで終わる」不動産取り引き

一方で、課題も認識しておきたい。非対面化が進み、物件の現地確認や重要事項説明、契約書のやりとりにおいて消費者、不動産事業者間での認識齟齬が生じないように注意を要する。特に消費者は、不動産取り引きを何度も経験することは少ないため、契約内容の理解や物件の確認などについては慎重に実施する必要がある。

ITを前提とした場合、セキュリティ対策や個人情報保護の観点も重要度を増すだろう。契約が円滑に実施できるインターネット環境、インフラを整備することは消費者、不動産事業者双方にとって重要となる。

また、契約時には録画、録音されることも増加すると予想される。重要事項説明などにおいては、個人情報を取り扱う場合もあるため、面談の証跡だけではなく、得られた情報を適正に管理することが重要となってくる。

約8年の歳月をかけて、不動産賃貸取り引き分野の非対面、電子化が制度上、そしてルール上進捗した点も、PropTech発展の土壌と捉えるならば、とても大きな変化の一つである。非対面化、電子化が、不動産取り引きのスマホシフトを促すことで、あらゆるデータの収集、分析が可能となる。

さらには、消費者の不動産取り引きが、スマホで始まりスマホで終わるという流れに変化することは、重大な意味を持つ。なぜなら、賃貸取り引きの際には、家賃保証、火災保険、家財保険、水道・電気・ガス、引っ越しなど、あらゆる付随取り引きが発生するためだ。これら全てがスマホ上でシームレスにつながる未来が、着々と近づきつつある。

面倒な新生活の手続きがなくなる ➡ 引越しワンストップサービスの登場

不動産賃貸取り引きにおいて最終フェーズが「入居」である。入居に際しては、引っ越し業者を選定し、引っ越しを行う。多くの方が経験したであろう引っ越し後も、片付けなどに加えて、住所変更をはじめ膨大な行政や金融機関などでの手続きが待ち受けており、なかなか落ち着くことができない。

そこで、内閣官房情報通信技術（IT）総合戦略室では、引っ越しの際に発生するさまざまな手続きの負担を軽減すべく、「引越しワンストップサービス」を推進している。デジタル・ガバメント実行計画（2019年12月20日閣議決定）において、2019年度に実証実験を行い、ガイドラインなどを取りまとめるとともに、地方公共団体や民間事業者などにおいて運用準備を行い、順次サービスの開始を目指す取り組みである（**図5-3**）。

図5-3　政府の情報通信技術（IT）総合戦略室が推進する「引越しワンストップサービス」。引っ越しの際の手続き負担を軽減したり、手続き漏れをなくしたりする。（政府CIOポータルのホームページ資料「引越しワンストップサービスの推進」を基に本書作成）

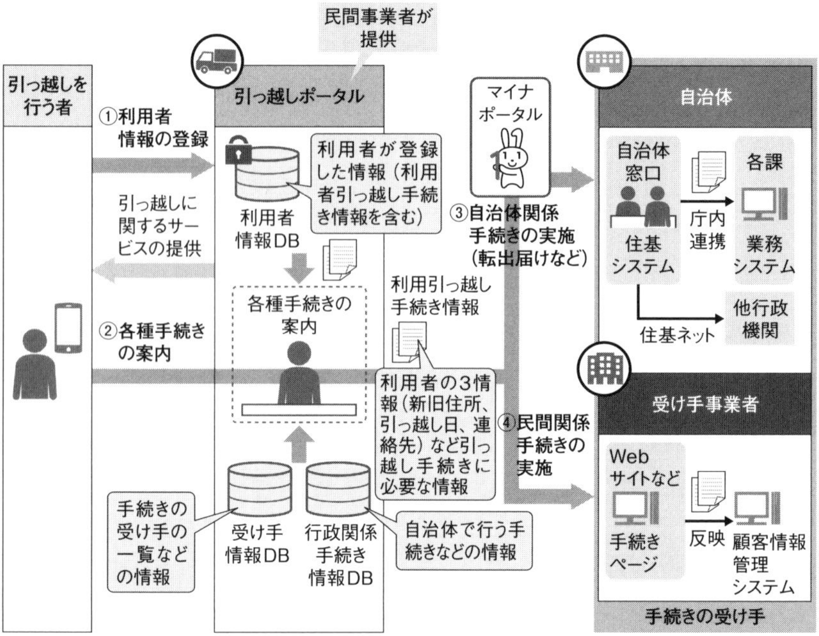

引っ越し時には、市役所や区役所といった行政機関や、電気・ガス・水道、銀行、通信事業者などの民間事業者に対して、変更後の住所をはじめとするほぼ同一の情報を個別に届け出る必要があり、その都度手続きの負担が生じる。

さらには、どこへ住所変更の手続きをすればよいのか、抜け漏れが発生しやすい状況にある。そもそも、インターネットやスマホの普及に伴い、Web明細といったオンラインサービスも普及し、郵送でのやりとりの必要性は低下している。そうすることで、住所変更手続きを失念しやすい状態にあるとも言える。

内閣官房は、関連省庁や地方公共団体、民間事業者とともに、ワンストップサービスの実現に向けた検討を行っている。自治体への転出・転入届などの「自治体手続き」については既に実証実験を実施し、窓口での業務効率化など一定の成果を確認している。引っ越しポータルサイトと、電気・ガス・水道事業者の連携などの「民間手続き」についても取り組みを行っている。官民合わせたワンストップ化に向けて、今まさに取り組みが進んでいるところである。

ワンストップ化には、エンドユーザーの入り口、受け皿となるIT企業の参加が必須であり、今後の連携が期待される。さらには、人の移動と履歴データが蓄積されていくことでのデータビジネスの展開も期待される。

引っ越しのワンストップ化もまた、PropTechやFintechに大きな影響を与える取り組みと言える。なぜなら、「住所変更」が必要な事業者の多くは、利用顧客の本人確認（KYC）を行っていることが多い。KYCは、それが義務付けられている金融サービスなどでは、顧客の利便性を向上させる上では障壁となりやすいものであり、こうした手続きが迅速に実施できるサービスとしてのインフラ整備は、あらゆる事業者にとって新規ビジネスの開拓や顧客満足度の向上につながるものと考えられる。

ホテルがあなたの家になる ➡ 消えるホテルと住居の境界線

住宅へのアクセスにおいて、サブリースを活用したスマートレンタル事業者の存在、さらにはホテル事業者の動向は欠かせない。先の取り組みは、あくまで「既存の取り組み、プロセスを前提としてデジタル化する」ものだが、その一方で、従来の不動産管理、不動産賃貸とは異なる切り口で住まいを提供する事業者が登場している。

本書に推薦の言葉をいただいた、堀江貴文氏がホテル暮らしであることはよく知られている。同氏は、「マイホームvs賃貸」論争は古いものであるとして、住宅ローンやマイホームを持つことそのものが変化し、スマホ一つで生活ができるようになると予言していたが、まさに今それが現実のものとなりつつある。「自分には関係ない」と思っていた人にとっても、「ホテル暮らし」や「ホテル暮らしのようなライフスタイル」がすぐ目の前に近づきつつあるのだ。

私たちが日々暮らす自宅というのは、「購入する」以外には「借りる」しかない。その際には、①大家・不動産管理会社の物件を借りる、②大家・不動産管理会社から借りた物件を転貸する個人または法人から借りる、③ホテルなどの物件所有者から借りる、の大きく3パターンがある。

これらは実は、それぞれ法的な根拠が異なる。①は宅建業法、②は通常の賃貸借契約、③は旅館業法や民泊であれば住宅宿泊事業法が該当する。②および③は宅建業者ではないため、先に触れた重要事項説明などの規制や制約は一切受けない。電子化・非対面化などの議論の余地はなく、初めから電子化・非対面化で実施することができる。

これは消費者の側から見れば、実態とルールが連携できていないとも言えるだろう。例えば1年間、どこかに部屋を借りて「住む」とする。それが大家から借りた部屋でも、サブリース事業者から転貸してもらった部屋でも、はたまたホテルの部屋でも、「日々の暮らし」にはなんら差はない。「部屋」という個人的な空間がそこに広がっているだけであり、日々享受する住環境を提供されるサービスという点では大きな違いはない。けれども、貸し手の立場や部屋の定義によって、根拠とされるルールが変わってくるのだ。

新型コロナウイルスの感染拡大に伴い、住宅、オフィス、ホテル、商業施設といった不動産の所有、開発事業者は、稼働率の低下を避けるためにさまざまな取り組みを開始している。

2021年2月1日、日本を代表するホテルの一つである帝国ホテルが、「ホテルに住まう」サービスアパートメント事業に参入し話題となった。月額36万円から複数プランが発売されており、同日から予約受け付けを開始したところ完売状態にあるという。

帝国ホテルは、旅館業法下で展開する「ホテル内サービスアパートメント」という、新しい住まい方を提案する新規ビジネスと表現している。旅館業法にのっとった事業のため、一般的なサービスアパートメントのような煩雑な契約もなく、都心での生活を気軽にスタートできる点をアピールポイントとしている。こうした動向は「リビングホテル」としても注目を集めている。

ここで、旅館業法を見てみよう。旅館業は、「宿泊料を受領して人を宿泊させる」事業を指す。自ら所有する建物に人を滞在させるという意味では、賃貸業に非常に似ていると言える。それでは、どこが違うのかと言えば、「宿泊者の生活の本拠の有無」が境界となっている。建物を扱うため所管官庁は国土交通省かと思いきや、厚生労働省である。厚生労働省によれば、

「滞在が30日以上かどうか」が生活の本拠の有無の目安になるという。

よって、ウィークリーマンションであれば旅館業、マンスリーマンションであれば賃貸業と整理することができる。そのためか、帝国ホテルのアパートメントプランも最大30日の予約とし、それ以上の日数については問い合わせとなっている。

旅館業は都道府県知事の許可を受ける必要があり、消防施設の配備や、室内を含めた施設の衛生管理に関する維持管理責任がホテル側にある。そのため、ホテルの室内が汚れたり、壊れたりしている様子が分かれば、ホテルは清掃に入る。しかし普通のマンションであれば、それはしない。旅館業としての許可がおりれば、宿泊者の受け付けという点では住所や氏名などの住所を受領し、宿泊者名簿を管理することが義務付けられている。一方で、これらの対応を実施すれば受け入れができるという点では、賃貸業の賃貸借契約のそれとは大きな差があると言える。

リビングホテル、サービスアパートメント、ウィークリーマンション、マンスリーマンション、マンション、これらは寝泊まりして過ごすという点ではなんら変わりがないものの、根拠となる法律に違いがみられる。さらには、コリビング、ワーケーションなど、私たちの「本拠地」がますます流動化、多様化する中、消費者の価値観や行動の変化と実態に対して規制やルールが合致しない状態となっている。今後は、実態に即したルールの変更も急務となってくるだろう。

敷金・礼金・管理費・内見がなくなる ➡ スマホで実現するシンプルな暮らし

4章で取り上げた、「OYO LIFE（オヨライフ）」をはじめとするサブリース型のスマートレンタルは、今後も注目トピックの一つだ。ここでキーワードとなるのが、「シームレス」と「インクルーシブ」である。

まず、シームレスは、住宅への申し込み、入居までの体験を指す。紹介したOYOは「OYO passport」と呼ばれるサービスを展開しており、荷物預かりサービスやサブスク家具などあらゆる事業者と提携している。すなわち、「住環境」に必要なサービスは全てOYOからシームレスにアクセスすることができる。こうしたスマートレンタル事業者が増え、提携するサービスが増加すれば、全てのやりとりがスマホアプリ上でできるようになる。

シームレスのポイントは、入居のみならず、退去から再び入居するフェーズの体験も重要になる。どうやらOYO LIFEでは、退去時のオペレーションに若干不備やトラブルがあると聞くが、体一つで入居し、すぐに退去ができて次の家を探すことができる。これこそが、私たちの生活の自由度を一層高めることにつながる。簡単に申し込みができて、簡単に退去ができる——。そうであれば、そもそも内見は不要になる。

ほとんどの人がホテルに宿泊するときに下見をしないのと同じように、住宅スペースに関しても内見をせずに試しに住んでみる。自分に合わなかったら、また違う家を探す。こうした住宅選択の自由度を上げるシームレスさが実現できるかが、今後カギとなってくる。

もう一つのキーワードであるインクルーシブは、必要な費用やサービスが最初から全て含まれている状態を指す。2020年、沖縄県石垣市で話題となったリゾートホテルがある。「THIRD石垣島」だ。2020年7月末に、複数回のオープン延期を経て開業したリゾートホテルで、ベンチャーとして運営されている。

瞬く間に評判は広がり、石垣島の人気ホテルランキングでは、伝統的な外資系リゾートホテルなどを抑えて1位に輝くなど快進撃を見せている。その秘密の一つに、「インクルーシブ」がある。

THIRD石垣島はミレニアル世代と呼ばれる20代から30代をターゲットにしたリゾートホテルで、徹底的な消費者、エンドユーザー視点でホテルのハード（建物やデザイン）とソフト（サービス）が設計されている。同ホテルが取り組むインクルーシブもその一つで、食事やドリンクが全て含まれたオールインクルーシブの料金体系を採用している。当然、通常の宿泊料金よりも高くなるが、利用者はシンプルな価格でこれまでにない滞在体験を送ることができる。

同ホテルの運営を行うスターリゾートCEOの佐々木優也氏は、ツイッターを中心にオンライン上でも積極的に発信しながら、滞在した利用客の声に耳を傾け、常に利用者目線のホテルデザインを追い求めている。石垣島のように、土地としてのハードが充実している場合、ホテルとしてのハードを整えておけば利用客が来る。しかし、現在では、ソフトを含めたホテル滞在の在り方そのものを再定義する必要があり、THIRD石垣島はその先陣を切っているといえる。こうしたコンセプト、世界観を実現する都市部の住宅供給が今後は期待されると同時に、有望な事業領域の一つになるだろう。

サブリース事業の価格設定も、オールインクルーシブ型と言えるため、毎月の支払額は通常の家賃よりも高くなるものの、シンプルな価格設計で管理しやすい。今後は、それらの支払い状況や利用履歴を管理する情報サービスも出てくるに違いない。

さらに、スマートレンタル事業者は自らが貸主となるため、宅建業法の規制を受けない。旅館業法と同様に、契約時の書面説明や交付の義務といった制約もないため、シームレスな契約体験を実現することができる。

「住まい」を借りることの実態や体験そのものに大差はないものの、事業者側の規制、ルールで差分が生じている。当面、ルールの最適化には時間がかかるため、ユーザー目線で住まいのUI／UX（ユーザーインタフェース／ユーザーエクスペリエンス）を最適化できた事業者に顧客が集まることになるだろう。

2019年3月にスタートし、「不動産業界の黒船」「不動産賃貸のAmazon」などともてはやされたOYOは、当初100万室の供給を目標に掲げていた。現時点では、数1000室単位で部屋の仕入れができていることからも、このモデルが立ち上げ可能であることは確認されつつあり、今後も新たな参入が期待される。そうすれば私たちの住まい選びは一層充実していくものとなる。

マイホームの選択肢が広がる ➡「マイホームvs賃貸」論争の終焉

新築の戸建てのマイホーム。それは多くの人が憧れ、人生の目標にする一つである。その一方で、住居は新築の戸建てマイホームにするか、あるいは賃貸のマンションや戸建てにするか、長年答えが出ない論争として常に話題になる。経済的な損得に関しては、期間が長いため変数が多く、その人のライフスタイルによって答えが変わってしまう。結局のところ、これは価値観になるため、どちらが正解だとか良いだとか決めることが難しい。

だからこそ、長い間議論されてきたわけだが、この議論の発端は、私たちが住宅に対してできる選択が極端に二極化されているからではないだろうか。新築で住宅を買うべきなのか、一生賃貸で暮らすべきなのか。さらには、戸建てなのか、マンションなのか。都心なのか、地方なのか。私たちは常に究極の二択を迫られ、かつ世間体や家族など多岐にわたる価値観も考慮しながら自宅を選んでいる。そして、選択肢の一つとなり得る中古住宅については、情報の非対称性の問題が大きく、なかなか増加することがなかった。

こうした住居に対する価値観は国によって異なる。特に、住宅購入について日本と海外を比較すると、日本が突出して新築に偏っており、海外と真逆の流通構造になっている。（**図5-4**）

今後さらなる少子高齢化、人口減少を迎える日本では、空き家の数が増加を続ける。2013年には800万戸を突破しており、政府も既存住宅の活用を目指すストック型の政策に舵を切っている。

金融面では、住宅金融支援機構によるリバースモーゲージ型住宅ローンの拡充や、リフォームによる省エネ性能向上中古住宅に対する金利優遇などを実施している。現役の若手世代に対してリフォームされた中古住宅に対する金利優遇やリフォーム一体型ローンの提供を通じて購入を促進する。一方、中古住宅の所有者である高齢者層に対しては、リバースモーゲージの活用を通じて都心部のマンションなどへの住み替えを促す。既存住宅を活用しながら、ライフイベントに合わせて世代間で不動産を活用していくという一連の流れである。

米国においても、ベビーブーム世代の住宅所有者は3200万人を超えていると言われており、米国の高齢者も今後30年で2倍になるとされている。そのため、American Advisors Group（AAG）をはじめとする大手リバースモーゲージ事業者は利用者を増やしている。

さらに、MortgageRewind社のようなオンライン特化型のリバースモーゲージ事業者も登場している。多くの事業者は米国の高齢者、特に退役軍人などを対象にしてサービスの提供を行う。特にリバースモーゲージは、その仕組みが分かりにくく、保有する不動産によって条件が異なるため、オンラインを通じた分かりやすいUI/UX、そしてオフラインのスタッフサポートが重要となる。

図5-4　既存住宅流通シェアの国際比較。全住宅流通量（既存流通＋新築着工）に占める、既存住宅の流通シェア〔既存取り引き／（既存取り引き＋新築取り引き）〕は2013年で約14.7%と大きくなりつつあるが、欧米諸国と比べると1/6～1/5と低水準にある。（国土交通省の資料「既存住宅流通を取り巻く状況と活性化に向けた取り組み」を基に本書作成）

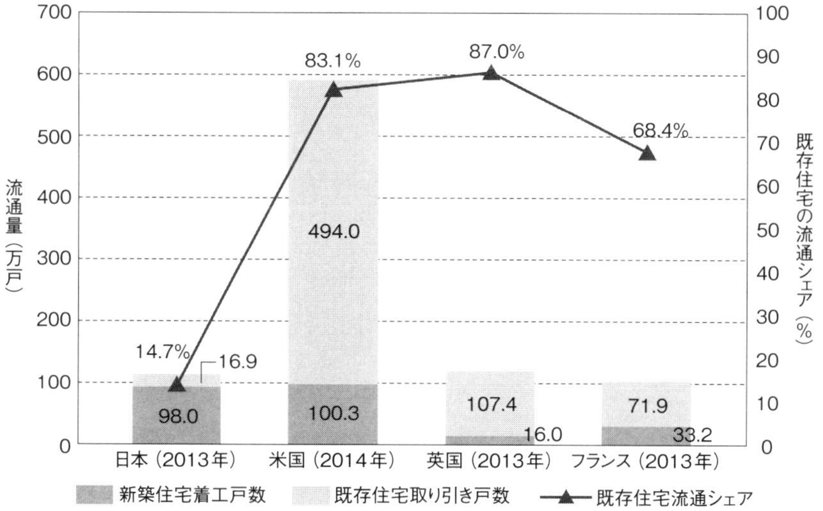

日本国内にもリバースモーゲージを展開する事業者は存在するものの、スタートアップによるチャレンジは少なく、今後新たな参入が期待される。リバースモーゲージは金融、Fintechの側面が強いトレンドだが、既に取り上げたOpendoorなどの再販事業者によるPropTechのトレンドも今後見られることだろう。

Opendoorに近い日本の企業の一つは、カチタスと言える。同社は1978年の設立で、地方を中心として中古住宅を仕入れてリノベーションし、1400万円前後の価格帯で販売している。累計販売戸数は6万件で、年間約4300件と、中堅ハウスメーカーに匹敵する販売規模に成長している。

Opendoorは、大規模なバリューアップのリノベーションは行わず、シンプルに買い取り再販することに重きを置いている。カチタスを含め今後日本でも中古住宅の流通が活性化してくれば、スタートアップを含む新規プレーヤーの参入が一層期待される。日本における買い取り再販事業の多くは非ITであり、テクノロジー企業の参入はほぼない。むしろ完全オンラインといった事業形態は消費者の受け入れにまだ時間がかかるため、今後は既存事業者によるデジタル化やIT活用が活発化していくだろう。

中古住宅の流通における金融、リノベーションの取り組みに加えて重要なのが、「情報のストック」である。中古住宅購入の問題点の一つは、買い手から見た情報不足がある。建物が建築されて以降、どのような管理を実施し、どのような修復・メンテナンスをしてきたのか。現状、これらのデータは管理どころか、ほとんど蓄積されてもいない。中古住宅の流通のためには住宅の情報管理が必須であり、買い手が購入を検討するための情報が必要となる。こうした不動産の情報管理に対しては、国土交通省をはじめ多くが力を入れ始めている。

一般社団法人マンション管理業協会では、マンションの管理情報を蓄積、共有する仕組み作りに動いている。マンションの総戸数などの一般情報に加えて、管理の状況に応じてランク付けした情報を蓄積するデータベースの構築に着手。筆者も関与する一般社団法人不動産情報共有推進協議会では、こうした物件情報を一元管理するためのインフラ開発を実施している。具体的には、日本全国の不動産、建物、部屋にID（識別子）を付与して取り引きや管理履歴を蓄積するデータベースである。民間事業者を中心として、情報のストック、共有の取り組みが盛り上がりを見せているのだ。こうしたデータの管理が進むことで、消費者の不動産に対する購買行動はこれまで以上に便利になるだろう。

このように、私たちの住宅購入の選択肢は日々広がりを見せている。住宅は個人に最適化するために選択肢が多様化し、結局のところ「人それぞれ」という多様性の受け皿になっていくことだろう。そのときには、これまで私たちが議論に時間をかけてきた「マイホーム vs 賃貸」論争も終わりを迎えているのかもしれない。

銀行はなくなる ➡ 金融機能はPropTechプレーヤーが実装する未来

1994年、米Microsoft社の創業者であるBill Gates氏は言った。

“Banking is necessary, banks are not”

金融機能は必要だが銀行は必要なのか――。Gates氏が予見した世界は既に到来しつつある。金融業界におけるデジタル化やスタートアップの台頭は、Fintechにより大きな盛り上がりを見せた。

「○○×Tech」の元祖ともいえるFintechは、他産業から見ても注目トレンドの一つである。一足先にイノベーションが進んだFintechは、

PropTechと合流する日が近いと考えている。

私たちの生活では、まだまだ銀行の存在を意識しながら生活を送っている。給与を受け取る給与振り込み口座や、家賃を引き落とす振替口座、マイホームを購入するための住宅ローンなど、銀行と接するシチュエーションは少なくなく生活に溶け込んでいる。しかし、これらの決済や送金、融資といった機能自体は残るものの、それを銀行が提供するのかと言えば必ずしもそうではない。PropTechを含むプレーヤーが代替するようになるであろう。

簡単に、Fintechの歴史について触れておきたい。繰り返しになるが、FintechはPropTechと同様、Finance（金融）×Technology（技術）の造語である。リーマンショック前後から盛り上がりを見せ始め、現在に至っている。レガシー産業の代表として扱われる金融業界だが、実はITを含む技術開発は比較的進んでいる。国内はもちろん、世界をつなぐ決済、送金インフラは、重要な経済のインフラとして各国および国際連携を行いながら高度化されてきた。

Fintechのトレンドは大きく次のようになる。FinTech → Fintech → TechFin →Embedded Financeの４つである。

まず最初のFinTechは、金融にテクノロジーを持ち込んだ最初のトレンドで、消費者やユーザーの金融や銀行に対する不信や不満に向き合う形で巻き起こった。その主役の多くはスタートアップであり、金融機能をアンバンドリング（細分化）することで、融資や決済などの一機能に特化してサービスを磨き込み成長した。リーマンショック前後のこの時期は、「ディスラプション」、すなわち「破壊」がスタートアップの合言葉であり、銀行に対する破壊的イノベーションを標榜した時期となる。

FinTechからFintechへ。「T」が小文字になったワケ

このFinTechに対し、次のFintechではTechの「T」が小文字になるという変化が生じた。これは、「フィンテックは広く認知されたため、もはや造語ではない。従って、Tは大文字にならない」という理由からだった。筆者も関与し事務局長を務めた、日本のFintechを推進するスタートアップを中心とした業界団体、一般社団法人Fintech協会も、2015年の設立時には大文字のTを使用していたが、2017年にTを小文字にした名称変更を実施している。

これは、単なる言葉遊びに聞こえるかもしれないし、正直に言って、一般の人々に対し認知が進んでいたかと言えば、そうとは言えないと思う。しかしながら、国内外においてビジネスをする人々の間においては、認知が大きく広がったことは間違いない。

その大きな変化の一つに「非金融」人材の参入がある。金融業界出身以外の起業家や、経営陣の参画により、金融業界、Fintech業界の人材の多様化が一気に進んだ。日本でも、金融業界以外のシリアルアントレプレナー（連続起業家）らが、Fintechにも取り組みはじめ、既存の金融とは一線を画すサービスやプロダクトが誕生した。

例えば、夢や目標のある個人が模擬株式「VA」を発行し、他人にビットコインで購入してもらうことで資金を調達できるサービス「VALU」の創業者である小川晃平氏も、その一人。インターネット企業であるグリー出身で、その後フリーランスを経験し、そのときのお金にまつわる原体験を基にしてVALUを立ち上げた。このように、Fintechの認知が進むと、業界の関係者だけではなく、多様な経歴を持った人たちが参入することにより、さまざまなサービスの誕生につながるのである。

TechFinは、テクノロジーで金融機能を再定義

FinTech、Fintechに続く第三のトレンドが、TechFin。2018年ごろになると、世界中でこの言葉が盛んに使われるようになった。

TechFinは、金融にテクノロジーを持ち込むのではなく、AmazonやGoogleといったテックジャイアントのテック企業がテクノロジーを活用して金融サービスを提供し、金融機能を再定義する、という概念である。これは、AlibabaグループのJack Ma氏が提唱したもので、「アリペイ」もその一つとなる。Fintechでは、既存の金融機能やシステムを前提にそれらを改善するケースが多かったが、TechFinではその逆にテクノロジーで再定義することを指す。

こうしたTechFinは世界中で注目を集めた。その根底に「アカウント（口座）」の考え方がある。多くのテック企業はアカウントを作らないとサービスを利用することができない。銀行などが手掛ける金融サービスの多くは本人確認の必要があるため、アカウントという意味ではユーザー管理の方法は似ているといえよう。日本でも同様に、LINEやメルカリなどのテック企業による金融サービスへの参入が相次いだ。

例えばLINEは、2020年10月の発表時点で月間利用者数は8600万人としている。個人の銀行口座数は、ゆうちょ銀行の約1億2000万口座がトップで、三菱UFJ銀行の約4000万口座が後に続く。本人確認の有無に差があるため単純比較はできないものの、テック企業のアカウント、顧客基盤は金融業界のトップと競る規模となっているのだ。

みんなに役立つ機能はみんなでシェア

そして第四のトレンドがEmbedded Financeである。これは「組み込み型金融」などと呼ばれており、TechFinの延長と捉えることができる。非金融の企業が金融機能を実装するトレンドを指し、Fintechの一連の発展の中で進む「オープンAPI」がこれを後押ししている。

銀行が、口座の残高照会や振込・送金指示のAPI（アプリケーション・プログラミング・インターフェイス）を公開することで、そのAPIを接続すれば金融機能にアクセスすることができる。例えば、日本でも利用者数が急増しているUber Eatsは、クレジットカードによる決済機能を実装するが、その裏側ではAPIでクレジットカード決済機能を実装できるサービスを利用している。金融の機能がAPIによって公開され、そのAPIを使うことでユーザーとの接点を金融機関以外が担うように変化してきているのだ。

オープンAPIのトレンドにおける本質は「機能のシェア」。すなわち、便利で、みんなの役に立つ機能はどんどんとシェアしてみんなで使おう、というものである。グーグルマップのAPIにしても、みんなが利用する地図という機能がオープン化され、自社サービスや自社サイトに利用することで簡単にマップ機能を実装することができる。Googleにとっても、ユーザー流入につながるため、まさにWin-Winのビジネスといえる。

機能のオープン化や共有が進めば、その「機能」を提供するプレーヤーの数は自ずと絞られてくる。すると、銀行や金融機関の存在意義はますます問われるようになる。なぜなら、金融そのものが社会の機能であり、目的ではない。預金、融資、決済、投資これらは全て、何かしらの目的を実現するための手段であり、差別化することが難しい。

オープンAPIのトレンドに加えて、さらに後押しするのが、新金融仲介法制と呼ばれる新たなルールの動向だ。この法改正は一口で言えば、銀行、証券、保険といった金融業界の縦割りをなくすもの。このライセンスの登録を受ければ、業界の縦割りに関係なくワンストップで金融サービスを扱うことができるようになるのだ。

2020年6月5日、「金融サービスの利用者の利便の向上及び保護を図るための金融商品の販売等に関する法律等の一部を改正する法律」が成立し、2021年に施行される見込みだ。「金融商品の販売等に関する法律」が改正され、その名称が「金融サービスの提供に関する法律」に改められた上で、新たに「金融サービス仲介業」が創設された（**図5-5**）

これまで金融商品仲介、保険募集といったそれぞれの分野でサービスを提供していた事業者は、銀行や保険といった縦割りに関係なく、ワンストップでサービスを提供することができる。これは本格的に金融機能が裏方となり、機能提供に重きを置くようになることをルールが後押しする形だ。

そもそも、私たち利用者の目線に立てば、銀行、証券、保険といった枠組みや規制、ルールは事業者サイドの話であって、サービス利用時には関係がない。むしろその枠組みや境界のせいで利用者の利便性が下がるようでは本末転倒である。エンドユーザー視点から見たこうした規制改革、ルール変更は今後、さまざまな規制産業において一層見られることになるだろう。

実は、Fintechの業界では、この新金融仲介法制が大きなトピックの一つになっている。例えば、家計簿アプリを提供するFintech企業が、ユーザーの利用動向などのデータを活用し、オススメの保険や投資信託を提案、提携先の金融機関に仲介するといったモデルが想定されている。

そうした連携は当然あるものの、筆者は、PropTechを含むユーザーの実需、目的に接点を持つ事業者の活用に大きな機会があると考えている。

図5-5　「金融商品販売法」を「金融サービスの提供に関する法律」に改称し、2021年に創設される「金融サービス仲介業」。既存の仲介業は業態ごとの縦割りだったが、新たな仲介業は１つの登録で銀行・証券・保険全ての分野のサービスを扱える。不動産仲介会社が参入すれば、事業領域は不動産から金融まで大きく広がる。（金融庁の資料を基に本書作成）

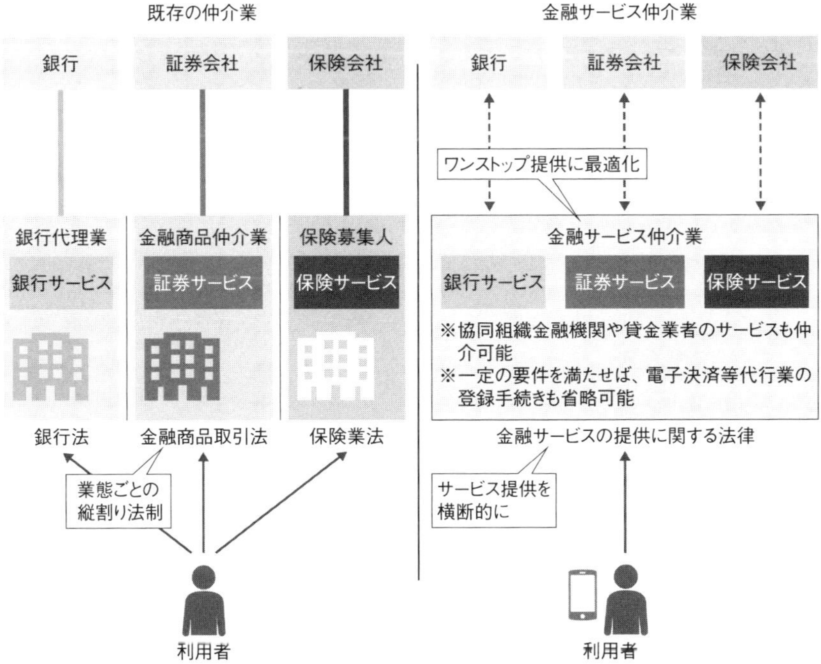

その代表例が不動産だ。不動産は売買も賃貸も、大きな金額が動く実需のビジネスで、金融機能は不可欠である。融資、決済、保険、あらゆる金融機関と密接に連携しており、プレーヤー型のPropTech企業が金融仲介を提供できるようになれば、より一層シームレスなサービスが利用できるようになる。こうしたことが規制上、ルール上実現できるようになるこの変化は重要な意味を持つだろう。

金融機関は独立した組織として利用者の「信用創造」の役割を果たしてきた。しかしながら、オンラインサービスを利用するうちにユーザーの信用が蓄積され、金融機関以外の事業者においてもユーザーの与信が可能になってきている。むしろ、複数の利用者が連携すれば金融機関の与信を上回ることもできるだろう。

すると、金融機関そのものの存在意義はますます失われてしまい、PropTechを含む実需プレーヤーが金融機関化していく。ビジネスの市場としては不動産を軸にして、銀行、証券、保険といった隣接業界も視野に入り、市場規模や機会は大きなものになるに違いない。

こうしたトレンドに対して金融機関側でいち早く取り組むのが「ネオバンク構想」を掲げるSBIグループだ。ネオバンク構想とは、SBIと連携したパートナー企業の顧客がそのサービスを利用する際に付随する銀行機能を住信SBIネット銀行が黒子として提供するものである。

最初の事例としては、日本航空のJALマイレージバンク専用の銀行サービス「JAL NEOBANK」の開発・提供がある。さらに、ヤマダホールディングスとも提携し、国内外1万2000超の実店舗、約6000万にのぼる会員に向けた金融サービスの提供を行うとしている。具体的には家電購入者向けの銀行サービスや、新築住宅購入者向けの住宅ローンなど、顧客の実需に合わせた金融サービスの開発・提供が予定されている。

SBIグループはネオバンク構想の対象領域の一つに不動産をあげており、既に不動産開発企業を子会社化するなどの取り組みを開始している。今後、こうした取り組みは一層拡大していくことだろう。

「働き方」が変わる

新型コロナウイルスの感染拡大によって、私たちの生活はリセットされた。長年議論されてきた「働き方改革」が急速に進むことになり、これまで「リモートワークは難しいのではないか」と言われていた金融機関や省庁までもが大規模にテレワークの導入に踏み切っている。

しかしながら、自宅にワークスペースがなかったり、家族も同様に在宅勤務だとスペースの問題はより深刻だ。そして当然人間なので、「自宅では仕事に集中できない」といった声も聞かれる。

新型コロナウィルスが終息した場合、多くの企業ではオフィスワークに戻る可能性が高いと、筆者は予想している。しかしながら、リモートワーク、在宅勤務の導入によって、移動時間のムダや電車通勤のストレスなど、さまざまな問題から解放され、多くのメリットを感じている人が多いのも事実だろう。

従って、多くの企業は本社機能を縮小し、従業員の居住エリアに近い複数拠点にオフィススペースを開設していくことになると見ている。高額なオフィス関連固定費の削減は会社にとってもメリットが多く、成果の出せる社員にはより自由な環境で働き成果を出してもらうことを今後も重視していくことになるだろう。

ファミレスがオフィスになる ➡ リモートオフィスの多様化

その際、オフィスやワークスペースとして、既存のオフィススペース以外にも、飲食店やカラオケ店、ホテルといったあらゆるスペースの活用に注目が集まっている。

既存の資産、スペースの活用は、所有するオーナーにとっても利用者にとっても、立地次第では大いに期待できる。こうした変化に対応するためのPropTechサービスを提供するのがテレワークテクノロジーズだ。

同社が運営する「テレスペ」は、飲食店やカラオケ店などテレワークプランを提供する店やコワーキングスペースなどの空席状況をスマホ上でリアルタイムに可視化することで、空席とワーカーを簡単にマッチングすることができるサービスを提供。「ワイン飲み放題テレワーク」「犬と同伴OKテレワーク」「1時間100円の無人テレワーク」など、さまざまな特徴がある、ワークスペースと働き手のマッチングを実施している。

既に存在する都心部のさまざまなスペースがオフィス拠点化することで、私たちの働き方はより自由度の高いものとなるだろう。固定の座席や固定の拠点に出社することはなくなり、より一層自由な働き方が実現されることになりそうだ。

コワーキング・コリビングが当たり前になる➡
固定のオフィス、所属組織は存在しない

ヤフーは2020年7月、時間と場所に捉われない新しい働き方への移行として、リモートワークの回数制限およびフレックスタイム勤務のコアタイムの廃止、柔軟な働き方を目指し、副業の受け入れ先として約100人の募集を開始したと発表。同年10月には、応募者4500人の中から10歳か

ら80歳までの計104人を「ギグパートナー」として採用し、業務が始まった。みずほフィナンシャルグループも、副業を解禁し、週休4日制の導入をスタートさせる。

こうした取り組みにおいて、企業側、働き手側それぞれを後押ししたものの一つは、やはりコロナ渦におけるリモートワークの浸透である。

特定の企業や場所に捉われずに働くことの自由度が増し始めた。それに合わせる形で、先に紹介したテレスペなど、「不動産の最適化」に取り組むサービスが出現しているのだ。ソフトである私たちの生活や働き方の急速な変化に、場所や空間といった不動産側がまだ追い付いておらず、その適用はPropTechのテクノロジーによって後押しされている。

これまでは、特定企業での終身雇用、その企業の場所や働き方に合わせた住宅購入など、あらゆる物事が「単一」「永続」を基準に進められてきた。今後は雇用形態の自由度も増し、「好きな時に」「好きな仕事を」「好きな場所で」「好きなだけできる」未来が到来しつつある。その自由度の大きな障害になっていた固定の拠点やルールがいま、急速に失われつつある。

今後は、「コワーキング・コリビング」時代が到来し、複数企業、多所属での仕事、多拠点での暮らしが一層広がっていくだろう。そうした際には、その場所を提供するPropTechやFintechの新たなサービスがまた誕生するきっかけになるだろう。

デザイン思考が必須スキルになる ➡「装置産業」から「顧客産業」へ

PropTechの普及によって、不動産業界は「装置産業」から「顧客産業」へと変化していく。これまでは、一定の計画に沿って企画を行い、「箱」

としての投資を行えば一定のリターンを見込むことができた。しかし近年では、各不動産会社もソフト面でのサービス重視を意識しており、入居者のコミュニティ創りや外部企業との連携などの取り組みを加速させている。

不動産業はこれまで装置産業の色が濃かった。しかしいま、不動産そのものの在り方、不動産取り引きの在り方が問われている。現在は、過去にない最大の変化の時だと確信している。この変化の時代に、ユーザーと向き合えた会社こそが、次世代のリーダーシップ企業になるだろう。

デジタル庁の設立をはじめとして政府は縦割り構造の廃止、規制改革実施の方針を強めている。不動産や建設、金融といった規制産業は、特にその縦割り構造が強く残る業界だ。そこで金融庁が口火を切る形で金融業界内部の縦割りの撤廃に動いている。これまで最も動きが鈍く、あるいはスピードが遅い政府／ルール側が急速なスピードで変化しているのである。

「デジタル庁にはぜひデジタル推進を担っていただきたい」。

これは、ある地銀幹部の言葉だ。しかし実のところ、デジタル推進を担うのは民間事業者の我々自身であり、「政府に任せる」という時点で既にデジタル化の対応は遅れていると言わざるを得ない。

ルールの変更、業界構造の変化、消費者の価値観／行動の変化――。重要な変化のタイミングがこの数年で全て合流しつつある。トヨタ自動車がまち創りを始めたのは、長年言われてきた業界や業態の壁とやらがなくなり始めたことの証しと言える。

これだけの大きな変化の中で、重要になってくるのがデザイン思考（デザインシンキング）である。デザイン思考は、スタートアップをはじめ、

IT企業ではごく当たり前に浸透している問題解決の技法。ロジカルシンキングなどと異なり、ユーザー／顧客起点で、「顧客も気が付いていない問題・課題を特定し、解決策をデザインする思考」のことだ。

デザイン思考は、「共感」「定義」「概念化」「試作」「テスト」の5つのサイクルを回しながら実施する。入り口が「共感」となっていることがポイントだ。働き方や暮らし方、住まいの在り方など、ユーザーになりきり共感することで新たな課題の発見につなげる。

ビジネスの前提となるルールや消費者の行動が変化している中、従来のウォーターフォール型の検討や、あいまいなペルソナ設定では事業展開することは難しいだろう。顧客を取り巻く環境の変化が早く、複雑であるからこそ、課題は宝であり、世界中の優秀なビジネスパーソンたちが課題を探している。

装置産業から顧客起点の産業へシフトする今、デザイン思考の習得が求められている。

「まち」が変わる

PropTechの取り組みによる変化として、最後に取り上げるのは「まち」である。国連によれば、現在、世界の人口の55%が都市部に住んでおり、今後その割合は2050年までに68%に達するとされている。つまり、都市はまだまだ進化を続け発展していくのである。

都市には必ず建物が存在し、不動産、建設はむしろ重要な役割を占める。都市の再定義はスマートシティとして捉えられ、トレンドとなっている。海外のPropTechカンファレンスでも、スマートシティは必ずと言っていいほどアジェンダとして扱われ、いまやPropTechの中の一つと理解してもよい。

すなわち、FintechがPropTechの側面を持つように、スマートシティもPropTechの側面を持つ。これらの隣接するトレンド同士は、もはや、どの定義で捉えればよいのかという議論は本質的ではなく、エンドユーザーから見れば同一のトレンドとなるはずだ。

ここでは、建物などのハードの側面と、居住者や住民、行政などのサービスの側面からみたまちの変化について見ていこう。

政府はスタートアップになる ➡ スーパーシティの推進

現在、各国の政府や自治体は限りなくスタートアップに近づいてきている。それは何かというと、エンドユーザー起点の問題解決型の事業運営にある。

スタートアップとは、顧客の問題・課題を特定し、それを解決することで急成長を目指す組織、と定義することができる。スタートアップは常に顧客、エンドユーザー起点であり、小さな仮説検証、いわゆるアジャイル型のプロトタイピングを繰り返しながら、顧客の課題を特定し解決する事業を生み出してきた。

こうしたスタートアップの台頭・協業によって、政府や自治体にも動きが広がってきている。住民や納税者であるユーザーのフィードバックを得ずに、課題を特定することは困難であり、ユーザーと向き合うことで必要な行政サービスやルールの立案を行う姿勢が増している。

その一つが、我が国における「スーパーシティ」の推進だ。2020年6月、スーパーシティ構想の実現に向けた制度の整備、地域限定型規制のサンドボックス制度の創設を盛り込んだ、「国家戦略特別区域法の一部を改正する法律」が成立、公布された。

スーパーシティ法とも呼ばれる同法では、内閣府が旗振り役となって、地域の「困った」を最先端のJ-Tech（世界に誇る日本の技術）で世界に先駆けて解決する、あるいは企業の技術力を地域に役立てるスーパーシティの実現に取り組むとしている。国家戦略特区制度を活用しつつ、住民と事業者が協力することで世界最先端の日本型スーパーシティを実現することを目標にしており、とりわけ住民を強く意識することでユーザー起点の政策立案、施策実行を行おうとしているのだ。

世界的には、スマートシティの認知度の方が高いと思われるが、スマートシティとスーパーシティの違いを見ておきたい。

スマートシティでは、交通、環境、行政など各分野について技術の導入、実証を目指す。一方、スーパーシティでは、これらの分野を横ぐしにした都市OS、インフラの整備を目指すものとしている。

スマートシティの事例としては、スペイン・バルセロナが挙げられる。バルセロナでは、2000年から大規模なスマートシティプロジェクトが進行しており、その特徴はIoT（モノのインターネット）フルスコープ型と呼ばれている。

具体的には、都市の共通基盤としてWifiを活用し、さまざまなサービスを連携・提供できる環境作りをしている。例えば、車や人の動きをセンサーで検知し、Wifiを経由して空き駐車スペース情報を提供する「スマートパーキング」により渋滞緩和を実現したり、街路灯と連動した見守りサービスやゴミの自動収集サービスなどを実現したりしている。

これに対し、日本が目指すスーパーシティ構想は、以下のコンセプトから構成される。

①これまでの自動走行や再生可能エネルギーなど、個別分野限定の実証実験的な取り組みではなく、例えば決済の完全キャッシュレス化、行政手続のワンスオンリー化、遠隔教育や遠隔医療、自動走行の域内フル活用など、幅広く生活全般をカバーする取り組みであること

②一時的な実証実験ではなくて、2030年ごろに実現され得る「ありたき未来」の生活の先行実現に向けて、暮らしと社会に実装する取り組みであること

③さらに、供給者や技術者目線ではなくて、住民の目線でより良い暮らしの実現を図るものであること

スーパーシティは、かかる３要素を併せ持ったものと定義されており、これを「まるごと未来都市」と呼んでいる。これを実現するのが，大胆な規制改革。ただし、遠隔教育、遠隔医療、電子通貨システムなど、AIやビッグデータを効果的に活用した先進的サービスを実現しようとすると、各分野の規制改革を同時一体的に進める必要がある。こうしたことから政府は、スーパーシティは「まるごと規制改革都市」とも表現している。

データ活用が最大のポイントとなるスーパーシティ

そこで、政府が注力しているのが、データ連携基盤の整備である。スーパーシティにとっては、データ連携基盤の整備事業が核になるとし、同基盤の有無がスーパーシティであるかどうかの一つの目安、区分になるとしている。

データ連携については、政府もAPIが重要であるとしており、各サービス事業者がAPIを公開・連携することで、住民にとって便利なサービスの構築が可能になるとしている。金融業界における金融仲介法制が金融機能を横ぐし化したのと同じように、スーパーシティ推進においては、業界、産業の垣根を都市というインフラの上で横断的につなぎ、かつ付随する規制改革を積極的に実施していこうとしている。

当初、スーパーシティ法案には懸念の声が上がり、いまもなお、反発の声や課題はある。とりわけ、それは個人情報の取り扱いの問題だ。

実は、Googleの親会社であるAlphabet（アルファベット）傘下のSidewalk Labsがカナダ・トロントで進めていたスマートシティプロジェクトが中止になった。2017年から進められたこのプロジェクトは2020年、突如、終了がアナウンスされた。その大きな要因となったのが、個人情報の取り扱いだったとされる。

バルセロナの事例も同様だが、スマートシティプロジェクトの多くはデータがカギとなっている。住民の移動や行動などさまざまなデータを扱うため、その取得、管理、活用の方法には課題が残る。

データの取得については、提供拒否を意思表示しなければ承諾とみなすオプトアウト型と、提供の同意・承諾を前提とするオプトイン型がある。カナダの事例ではオプトアウト型で交通データを活用するなどして反発が相次いだ。日本においてはオプトイン型で進める必要があり、ユーザーにどのように案内をするか、また抵抗があるユーザー層や、問題が起きたときにどのように対処するかなど課題は多い。

中国や台湾では、政府の強力な推進によって個人の行動データを収集し、新型コロナウイルスの感染拡大対策を実施して効果を発揮した。ある中国の企業経営者も、「利用目的が明確で公共の利益になるのであれば、データの提供には何ら抵抗はない」と話していた。スーパーシティはデータの活用が最大のポイントであり、かつ、データの取得、管理が最大の課題となる。

いずれにせよ、まちのインフラ整備を国が強力に推進する中で、不動産、建設を軸にしたPropTechの事業機会は増加していくことに間違いはない。

GovTechで行政が変わる ➡ 市民参加型の行政サービス

まち作りにおいて重要なプレーヤーの一人が行政、自治体である。先のスーパーシティ推進においても、政府は自治体のリーダーシップを期待している。これまで行政、自治体のサービスは都道府県単位や市区町村単位だったり、省庁単位の縦割りだったりと、決して利便性の高い状態とは言えなかった。今後、少子高齢化、人口減少が進む日本においては、自治体による公共サービスは、住民起点でよりアップデートかつ民営化されていくことが期待される。

こうした取り組みは、GovTechとして推進されている。政府(Government)と技術（Technology）を組み合わせた造語で、海外では2013年ごろから登場している。規制とも密接に関与することからFintechの文脈で触れられ、カンファレンスのアジェンダで取り上げられることも少なくなかった。GovTechは、政府や自治体の業務をITによって効率化する、または付加価値の高い新たな行政サービスを生み出すことを指した言葉である。

日本においては、経済産業省が注力して取り組んでおり、2019年より「Govtech Conference」を開催するなどしている。

GovTechにおいては、RPA（ロボティクス・プロセス・オートメーション）を用いた業務効率化などが代表的な事例だが、スーパーシティも含めた文脈においては、「コミュニケーション」の領域が注目される。住民起点のサービスを実施するためには、住民の理解、参画は不可欠であり、そのためのコミュニケーションの在り方は重要なものとなる。加えて、選挙への参加といったCivicTech（市民×テクノロジーの造語）も、欠かせない要素の一つである。

米国のNeighborland社は、住民コミュニケーションプラットフォームを提供する代表的な企業だ。同社では、行政と企業が行う都市プロジェクトや開発プロジェクトについて、住民が参加しフィードバックを行うことができるコミュニケーションプラットフォームを提供している。視覚的に分かりやすく情報提供することで、住民はどのような計画があり、どのように進むのかを理解することができる。米国の200を超える自治体や大学、民間企業が利用し、これまで300万人以上の利用実績があるとしている。

Neighborlandはスマートシティを実現する代表的な企業として知られており、GovTech企業をランキングした「GovTech100」には2019年にランクインした。

Neighborlandのプロジェクト起案者の多くは市などの自治体だが、今後PropTechやスマートシティがより推進されるに連れて、不動産や建設といった事業者の利用も増加するだろう。複数の利害関係者、ステークホルダーの調整は難しく、日本ではテクノロジー導入が進んでいるとは言えないため、こうしたスタートアップも徐々に増加していくと考えられる。

MaaS ➡ 交通インフラが変わる

スマートシティ、PropTechと隣接する重要トピックの一つが、MaaS（モビリティ・アズ・ア・サービス）である。

MaaSは、次世代モビリティ革命などと言われており、電車、バス、タクシー、ライドシェア、シェアサイクルといった、あらゆる公共交通機関を、ITを用いてシームレスに連携して提供するサービスを指す。不動産と交通は密接な関係にある。駅から遠い不動産に投資したところ、実は、新駅の計画があり、駅の開業によって駅徒歩2分の物件になった途端に価格が上がった、ということも少なくない。移動の利便性は、不動産価格にも密接に影響するのだ。

国内では現在、数多くのMaaSに関する実証実験が行われており、社会実装に向けた検証フェーズにあると言える。

MaaSは、都市部か地方か、日常の利用か観光かなど、エリアと用途によってユーザーの置かれた状況やニーズが異なるため、全国で一斉に実装フェーズに移行するとは考えにくい。特に、日本国内では、海外で一般的なライドシェアの普及が遅れているため、その先にあるMaaSの実現には多くのハードルが残されている。

全国で実施されているMaaS事例の中から、ナビタイムジャパンらが実施した実証実験を見てみよう。

ナビタイムジャパンは、東京臨海副都心エリアにおいて、アクセスの向上や快適な移動サポートを行うMaaSの実証実験として「モビリティパス」を開発・提供した。モビリティパスには、ドコモ・バイクシェア、JapanTaxi、東京臨海高速鉄道、一般社団法人東京臨海副都心まちづくり協議会、KDDIが参加、2020年1月から2月までの期間限定で実施された。ドコモのシェアサイクルに加えて、無料の乗合シャトルも加わったことで、従来から回遊しにくいお台場エリアにおいて一定の効果を確認できたようだ。

お台場エリアは、隣接する豊洲エリアなども含めて商業施設が多いことから、モビリティパス内ではクーポンの提供なども実施した。目標地点が近接して分散し、地下鉄などの主要インフラが網羅できない地域については、シェアサイクル、タクシー、バスといった移動手段を有機的につなげることでMaaSが実装されると期待される。

この事業は、東京都が公募した「MaaS社会実装モデル構築に向けた実証実験プロジェクト」に基づき実施された。今後も、自治体や国の支援の下、検証プロジェクトが立ち上がることが予想される。

ライドシェアのポートの配置場所が不動産の価値に影響

バスを活用したオンデマンド型配車サービスの米国Cariotは、2016年にFordに買収されるも、2019年にサービスの終了を発表し撤退した。筆者もサンフランシスコを訪れた際には、街中を走るCariotのラッピングされたバスをよく見かけた。サンフランシスコも、シリコンバレーと呼ばれる郊外のエリアからは離れており、交通のアクセスが良くない。そのため、長い渋滞に耐えて自家用車で通勤している人も少なくない。そんな中、Cariotは最適化されたルートを走る一方で、通常のバスよりも価格が少し高い、といった特徴を持っていたが、採算が合わずに撤退となった。

シェアサイクルやシェアキックボードについては、米国や中国など各国でプレーヤーの入れ替わりこそあれど、サービス自体は社会に浸透し始めている。

2019年、日本にも米国大手のシェアキックボード、シェアサイクル事業者のLimeが上陸した。2020年には各地で実証実験が行われ、2021年にはヘルメットを着用せずに済むノーヘル走行が認められる見通しだ。欧米では街中で見かけることも多く、日本でも都市部を中心に拡大が見込まれている。

筆者も米国滞在時には電動キックボードを使用していたが、予想以上にスピードが出る上、何よりも走行可能距離が長い。タクシーのワンメーターや電車の一駅くらいは、楽に移動することができる。

こうした移動手段が普及してくるとどうなるか――。これまでマンションやオフィスビルの価値は最寄り駅からの近さに大きく左右されていたが、これからはライドシェアのポートの配置場所など、他の移動手段との連携が不動産の価値に影響を与えるようになるだろう。

まち作りの重要なプレーヤーとして、今後、シェアリング事業者の存在感は増していくに違いない。

シェアリングエコノミー ➡ 建物はアップデートできる

シェアリングエコノミーも、PropTechに隣接、もしくは重複するとして見逃せないトレンドの一つである。

特にPropTechの観点から見たシェアリングエコノミーは、不動産の拡張にあると言える。オフィス、店舗、マンションなど、それぞれの不動産、建物は、利用用途があらかじめ規定されているが、当初の想定用途を拡張するのがシェアリングエコノミーである。

Airbnb（エアビーアンドビー）は、自身が自宅、住居として使うことを想定していた不動産を、ホテルや宿泊施設として利用できるようにした。これまで存在していて、利用していた不動産が、シェアリングエコノミーによって拡張されるのだ。

他にも、日本のecbo社が提供する「ecbo cloak」は、「荷物を預けたい人」と「荷物を預かるスペースを持つお店」をつなぐシェアリングサービスだ。

コインロッカーの代わりに、オンライン上で預け場所の事前予約ができ、さまざまな業態の店舗の空きスペースに荷物を預けることができる。実際、カフェ、ゲストハウス、コワーキングスペース、シェアオフィス、カラオケ店、漫画喫茶、着物レンタル店、神社、東京駅構内などで荷物預かりを実施している。ecbo cloakによって、あらゆる場所、不動産が倉庫やコインロッカーになっているのだ。

このように、シェアリングエコノミーは、不動産を拡張することができるサービスや事業機会を多く秘めている。一方で、不動産の利用用途には制限もあるため、今後は柔軟な制度変更も必要になりそうだ。

テレワーク・テクノロジーズの「テレスペ」も、レストランやカラオケ店の空席をコワーキングスペースとして貸し出すことができるサービスを提供している。飲食やカラオケといった場所をデスクワークへ拡張しているのだ。

ecbo cloakもテレスペも、ホスト側である場所の所有者は、利用料が得られるだけではなく、「来店誘致」の効果が期待できる。これは、本業としての本来の「用途」があるからで、その用途を拡張して収益が得られ、かつ人が訪れてくれると来店誘致につながるのだ。

もちろん、新型コロナウィルスの感染拡大によって人の移動が制限される中、事業が厳しい状態にある会社も少なくないだろう。しかし、ホスト側になる場所や不動産の所有者も価値観は大きく変化し、新型コロナウイルス終焉の際には、その前と比較してこうした場所の活用にも積極的になる事業者が増えると予想される。加えて、利用に抵抗があったり関心が少なかったりしたユーザーも、コロナ禍における一連の外出規制やリモートワーク推奨で行動様式が変わったため、あらゆるサービスの台頭が期待できそうだ。

こうしたシェアリング事業者の誕生・拡大により、建物というハードはそのままにしながら、中の利用用途をソフトウエアのようにどんどんとアップデートする未来が近づいてきている。現在、不動産の多くは24時間のうち一部の時間しか稼働していない。しかしそれが利用用途の多様化とともに、稼働時間が増加し、時間当たりの収益が上がって不動産価値の向上にも寄与することになるだろう。

PropTechのLaaS ➡ まちはOSになる

PropTech、シェアリングエコノミー、スマートシティ、Fintech――。これらのトレンドが実現する未来はLaaSである。LaaSとは、Life as a Service（ライフ・アズ・ア・サービス）の略で、私たちが日々暮らし生活する中で必要なものは全てサービス化され、必要な時に必要なだけ使えるようになることである。

LaaSの世界において、まちはOSになり、建物はアプリになる。OSもアプリも、私たちの利用動向やデータを基に、どんどんとアップデートされていくのだ。

私が現在居住しているエリアは、再開発の真っ最中のため、年々まちの様子が変化しアップデートされている。新たにショッピングモールが建設され、はやりの飲食店が開業し、コワーキングスペースを備えたオフィスも開業した。住人である私は、全く移動していないのに、街がどんどん便利になって変わっていく。

ただし、これは「再開発エリアである」という前提がないと、大規模なOSのアップデートに当たる、こうした変化はなかなか実現できない。従来は、それが再開発であり、当たり前だった。そして、建物であるアプリのアップデートは、ほぼ実施されなかった。万一お店が閉店すれば、また時間を置いて別のお店が開業する。一つの閉店に対して一つの開店がゆっくりとしたペースで行われる。

しかしそれは、ここまで取り上げてきたPropTechにより変わり始めている。フードデリバリーの事業者は、膨大なユーザーデータを基にして、どの地域で、どんな食べ物を提供すれば売れるのか、を分析して出店している。このこと自体は、従来の飲食チェーン店も実施しているが、出店までのスピードに大きな差がある。顧客の来店を前提としないゴーストレストランであれば、すぐに出店でき、出店費用も大幅に抑えられる。そして、万一出店してダメだったら、すぐに撤退すればよい。同一のスペースで、複数の飲食ブランドを出店することが可能だ。

筆者も、最近はフードデリバリーのアプリを開くのが楽しみになってきた。いつの間にか新しいレストランが追加され、「あれ、こんなお店あったかな」と調べてみると、店舗は持たずにビル内にゴーストキッチンとして開業していたりする。住民である私も、そのお店が入居する建物としてのハードのビルも、なんら変わってはいない。ソフトウエアの力によって建物というアプリがアップデートされているのだ。

私たちが日々の暮らしで利用するサービスは、PropTechによってどんどんサービス化され、便利になっていく。これまでの不動産であれば、それに対してユーザーである私たちが適用するように行動してきた。実際、お店やオフィス、あらゆるサービスも、私たちが移動して自らを不動産側に最適化するように行動、生活をしてきたのである。しかしPropTechにより、それらがついに、私たち一人ひとりに最適化された世界へと移行を始めている。

さらに、LaaSのLifeを考えてみると、私たちの暮らしはまだまだ再定義の余地があるように思う。

給与の1/3を家賃や住宅ローンとして支払い、似たような家具、家電を購入して、毎日スーパーに寄っていつもの食材や買い物をする。それらを調理して片付けをしたり掃除をしたりする。私もスーパーに買い物に行くのは好きだが、多くの人々が、似たような調味料を比較・検討したりして混雑の中で買い物をする。

多くの消費財は、家計で見れば年間で大差はなく、むしろ全て基本料金に含まれてしまっていてはどうか、と考える。そうした細かな日々の行動、価値観をも再定義するプレーヤーが誕生し、不動産、金融、そして隣接する産業を一つのサービスとして捉える企業こそが、次世代のリーダー企業になるだろう。不動産は残された最後のインフラ、事業機会である。住生活やワークスペースの領域でのAppleが誕生する日はそう遠くないかもしれない。

Appleは、エンドユーザー起点の総合的なデザイナー、プロデューサーとして電話やPC（パソコン）、さらには音楽業界を再定義した。iPhoneも、全体のコンセプトを決めるのはAppleであり、そこには徹底したユーザー目線があった。実際にiPhoneを作る際には、日本企業も含む多くの企業に依頼しており、完全に内製しているわけではない。

PropTechも同様に、実際に建物を建てたり、まちを創る企業はこれまでと変わらないかもしれない。しかし、そのOSとアプリを提供するための全体をデザインする会社は、Appleかもしれないし、Googleかもしれない。あるいは、あらゆるモノやサービスがつながる未来の実証都市「Woven City（ウーブンシティ）」に取り組むトヨタ自動車かもしれない。

いずれにせよ、人間、ユーザーを起点にして、リアルとオンラインを融合する真のPropTech企業の座は、多くの産業の企業に開かれており、一部の企業の間ではその座を奪う戦いが既に始まっている。

コラム

キーパーソンに聞く

現在および未来の世代の居住性を向上させるために

PropTech for Good **Menno Lamers**氏

Q

まず、Lamersさんの自己紹介をお願いします。

A

私は、オランダ生まれのオランダ育ちで、現在はアルンヘムという、ドイツ寄りのまちに住んでいます。

2020年4月、私は、PropTech for Good（プロップテック・フォー・グッド）を創設しました。これは、国連のSDGs（持続可能な開発目標）の達成に向け、テクノロジーを軸に貢献を目指す、不動産・建設業界のリーダーたちで構成された世界的なアライアンスです。

一方で、REACH UK（リーチ・ユーケー）のメンターやキーノートスピーカー、不動産会社の取締役会のためのディスカッションパートナーを務めています。デンマークLEGO（レゴ）社が開発した、遊びと学びの融合の中に問題解決のプロセスを織り交ぜた、新しい学びの道具「LEGO®SERIOUS PLAY®」の認定ファシリテーターでもあります。

エスプレッソが大好物で、このことは、オランダの不動産業界の多くの方々には知られていますが、残念ながら世界的にはいまーつ認知されていません（笑）。

Q

Lamersさんは PropTech for Goodの創設者ということですが、PropTechとの出会い、取り組みを始めたきっかけを教えてください。

A

私は2005年から不動産分野のイノベーションに深くかかわり始め、デジタル開発に魅了されました。

それから10年が経った2015年に、私はグローバルに事業を展開する大手不動産管理会社から委託業務を請け負いました。そのときに取り組んだ課題が、「どのようにすれば10倍速く、そしてより良く、より安く不動産管理を行うことができるか」というものでした。この課題に対しては、ムーンショット・シンキング、すなわち壮大な目標から逆算し、達成によって大きなインパクトをもたらす挑戦的な目標の実現を考える手法が役に立ちました。

そして2015年の終わりには、私のクライアントから、英国の不動産業界におけるデジタライゼーションの調査を依頼されたのです。その過程で、私は自分の人脈の中の、ある人から、「PropTech」という単語を聞きました。調べてみると、英国では、その分野で多数の企業が活動しているにもかかわらず、オランダではまだ誰一人としてPropTechという用語すら主張してい

Menno Lamers　PropTech for Goodの創設者。PropTech for Goodは、テクノロジーを軸にして国連のSDGs（持続可能な開発目標）に貢献する、不動産・建設業界で活躍するリーダーたちで構成された世界的なアライアンスで、特別役員を務める。PropTechNLの創設者であり、REACH UKのメンターでもある。事業推進者の壁打ち相手や、基調講演者、そして「LEGO®SERIOUS PLAY®」の認定ファシリテーターとしても活躍中。

なかったのです。

そこで私は直ちに、「proptech.nl」のドメインを取得し、2016年5月にはオランダで初めてとなるPropTechに関する記事「PropTech is a movement」を公開しました。

Q

なるほど、LamersさんがオランダにPropTechの概念を持ち込んだのですね。オランダでの現在のPropTechのエコシステムはどのような状況ですか。

A

オランダにおけるPropTechのエコシステムの状況は多面的で

す。創業間もない若いテック企業が国内で業績を伸ばしたり、買収によって海外で成長したりしています。その一方で、新型コロナウイルスの影響で苦戦している企業が多く存在するのも事実です。

不動産会社はデジタルソリューションに関連する人材を積極的に集め、スタートアップに投資し、将来性のある「デジタルファースト」戦略を模索しながら、自社のESG（環境・社会・企業統治）政策との整合性を図っています。

さらに、クリーンエネルギーの導入や気候変動への対策が求められ、100万戸に及ぶ手頃な住宅建設などが大きな社会課題となっています。こうした背景を考えると、オランダでは今後数年以内に、PropTechのエコシステムが開花するだろうと見ています。

Q

こうした中、Lamersさんが創設したPropTech for Goodというアライアンスについて、もう一度教えてください。

A

繰り返しになりますが、PropTech for Goodは、テクノロジーをテコにして国連のSDGsの達成に貢献することを目的に、不動産・建設業界で活躍するリーダーたちで構成した世界的なネットワークです。

PropTech for Goodという名称はご覧の通り、①Property（不動産・財産）、②Technology（技術）、③for Good、の3つから成ります。

PropTechは2つの産業の融合を、for GoodはSDGsを指しています。言い換えれば、不動産業界がSDGsの達成に貢献できるよう、テクノロジーを活用していかに業界を変革できるかということです。

Q

そんなPropTech for Goodを、どうして始めようと思ったのですか。

A

この5年間で、オランダだけではなく世界各国において、PropTechの動きは飛躍的に広がりました。先ほど少し触れたように2016年の初頭、私はPropTechNLという取り組みを通して、オランダに「PropTechの種」をまきました。それから数年の活動は、不動産分野におけるテクノロジーの認知と創造が主でしたが、世界的なコロナウイルス感染症拡大の危機を背景に、これらのフェーズは一気に加速しました。

私が以前執筆した「Society 5.0. PropTech meets Sustainability Development Goals」というブログは、実は日本の「Society 5.0」〔サイバー空間（仮想空間）とフィジカル空間（現実空間）を高度に融合させたシステムにより、経済発展と社会的課題の解決を両立する、人間中心の社会〕のビジョンに触発されたもので、私の旅のパズルのピースとなっています。

オランダでの最初のロックダウンの間、私はCSR（企業の社会的責任）の第一人者であるJohn Elkington氏の著作『Green Swans -- the coming boom of regenerative capitalism』（日本語未訳）を読みました。私にとって、これがPropTech for Good

の取り組みを開始する最後の一押しとなったのです。

私は既に、世界は転換点にあり、新型コロナウイルスの発生が事態を加速させると確信していました。そのために新しい種をまく必要があると考え、私は2020年4月22日の地球の日に、新しい運動のための種をまいた、すなわちPropTech for Goodを創設したのです。

Q

今後のPropTech for Goodのチャレンジとビジョンはどのようなものでしょうか。

A

不動産業界は、地球上の現在および未来の世代の居住性に大きな影響を与えます。私たちは大きな転換の一部であり、これらのグローバルな社会的課題に積極的に貢献できる立場にあります。そこで、持続可能な未来に向けての革新と投資を行う必要があります。

PropTech for Goodは、現在および未来の世代の居住性を向上させるためのグローバルな活動を促進することを目的としています。私たちは、グローバリゼーションとデジタライゼーションを利用して、未来に備えた環境とその価値モデルを創造する開拓者です。

デジタル製品やサービスのみならず、人間の潜在能力を引き出し、再生可能で責任感があり、回復力のある環境を創造することを目指しています。そのビジョンを実現するためのリーダーを鼓舞し、育成し、つなぐことが私たちの使命なのです。

Q

最後に、PropTechに関心の高い、日本の読者に向けてメッセージをお願いします。

A

私たちが直面している社会問題は、一人で解決するには大きすぎて複雑すぎます。私たちは力を合わせてミッションを策定し、一緒に取り組み、お互いに学び合う必要があります。日本のPropTechコミュニティであるPropTech JAPANは、PropTech for Goodと協力関係にある、33の世界的なPropTechネットワークの一つです。

PropTech for GoodとPropTech JAPANはともに手を携え、SDGs達成への貢献を加速させながら、現在と未来の世代のために、未来を見据えた環境を創造していきたいと考えています。

コラム

キーパーソンに聞く

テクノロジーは今後のあらゆるビジネスにおいて重要に

Unissu 共同創業者　**James Dearsley**氏

Q

Dearsleyさんは、英国に拠点を構えるUnissuというPropTechのグローバルプラットフォームの共同創業者ですが、最初に経歴を教えてください。

A

私は、大学を卒業後すぐに不動産業界に入り、この業界に惚れ込みました。不動産業界に恋に落ちるとは思っていませんでしたが、すぐに、これが私のキャリアだと気付き、決して手放すことはできないと悟ったのです。もう少し詳しく説明しましょう。

新卒で入社したのは、ロンドン証券取引所にも上場しているFoxtonsという大手不動産仲介会社で、不動産ブローカーとしてキャリアをスタート。おそらく世界で最も競争の激しい市場でオフィスの仲介を担当していました。私はほぼ4年間、そこで働いた後、国際的な開発事業に携わりたいと考え、スペインに本社があるAtlas Internationalというグローバル不動産デベロッパーに転職しました。

Menno Lamers　PropTechに関する活動を巻き起こしたコミュニティ創設者の一人で、最も人気のある基調講演者の一人でもある。世界中のカンファレンスで講演し、不動産の未来に関心を持つ人々と最大級のコミュニティを築いている。コミュニティと連携したグローバルマーケットプレイスであるUnissuの共同創設者でもある。不動産テクノロジーの買い手と売り手を結び付け、不動産業界が環境の変化に適応できるように支援、教育することをミッションに活動をしている。ロンドンでブローカーとして不動産のキャリアをスタートし、最も先進的でテクノロジーに精通した代理店で働く。その後、マーケティングビジネスや初の非営利団体であるPropTech Associationの設立ディレクターなどで、多くの取り組みを立ち上げた。Unissuの設立は、これまでで最も野心的なプロジェクトとなっている。既婚で2児を育てる父親でもある。ロンドン郊外に居住。

私の不動産ブローカーとしての仕事と、その後の不動産デベロッパーとしての仕事には共通点があります。テクノロジーに大きな変化があった時期に入社したということです。

1990年代後半から2000年代前半にかけて、FoxtonではCRM（顧客管理システム）を導入しており、私はちょうどそのタイミングで入社しました。一方、2社目のAtlasに移った際には、まさにマーケティング革命のただ中でした。

こうした経験から、私は、テクノロジーが市場に大きな影響を与える可能性があるという事実を肌で実感しました。その後は、デジタルマーケティングに焦点を当てたマーケティングエージェンシーを立ち上げた後、PropTech分野のコンサルタントとしても働き、最終的にはUnissuの取り組みを担うことになりました。

Q

キャリアの最初からテクノジーの重要性に気付かれていたのですね。そうした中で、実際にはどのようにPropTechと出会ったのですか。

A

10年ほど前、私はVR（仮想現実）やAR（拡張現実）の世界に強い興味を持っていました。

まだ建設されていない物件においてVRシミュレーションを活用し、潜在的な顧客を獲得できたときにはすごく感動しました。メンテナンスの際も、建物内の配管や配線の位置をマップで確認することができるので、建物の構造やインフラをより深く知ることができます。いまでも、VRやARの進歩は本当に魅力的だと感じています。

ちょうどそのころ、米国でRETech（不動産テック）やCRETech（商業不動産テック）というキーワードが出始め、その後には、私が以前協力していたソーシャルメディアのコミュニティでPropTechというキーワードが生まれたのです。

PropTechは、RETech、CRETechよりも広い定義です。現在では、米国人を含めグローバルで、PropTechが不動産テックを示す単語として定着・浸透しています。

Q

Dearsleyさんは、ロンドンを舞台に活躍されていますが、現在の英国でのPropTechエコシステムの状況について教えてください。

A

新型コロナウイルスの感染拡大は、PropTechの世界を大きく加速させました。具体的には、どのようになったのか――。この5年間、世界中で講演することで得た私なりの考え方ですが、2つの視点で新型コロナウイルスの感染拡大前後を見てみましょう。

新型コロナウイルスの感染拡大前、先進国ではインフラが整備され、変化を受け入れるマインドセットはありませんでした。これに対して発展途上国では、インフラこそ整備されていないものの、成長意欲に裏付けされた変化を受け入れるマインドセットがありました。

先進国では4G回線が存在し、ワイヤレス技術もいたるところで活用できる状態にありました。技術を活用する基盤を既に持っていたわけです。しかし実際には、多くの人が技術を使うことにリスクを感じ、必ずしも積極的に技術を導入していたわけではありませんでした。技術の導入が自分の仕事にネガティブな影響を与えるのではないかと、多くの抵抗があったように思います。

一方、発展途上国では、道路網もブロードバンドも十分整備されていませんでした。だからこそ、先ほど言った通り、多くの人が変化を受け入れるマインドセットを持っていました。発展途上国の中でも、進化し続けている都市では、道路が建設される、ネットワークが整備される、インターネットのブロードバンドがモバイルでも固定でも構築される——。これはまさに、変化を受け入れるマインドセットがあることの証左と言えます。

こうした状況が、新型コロナウイルス感染拡大後に大きく変化しました。とりわけ先進国においては、「リセットボタン」が押されたような状態になったと感じています。それは、オフィスに行かなくても仕事ができるようになったという個人的なレベルのものから、ビジネスモデルを完全に考え直さなければならない企業が出てきたという業界的なレベルものまでさまざまです。

テクノロジーの採用が加速され、テクノロジー自体が今後のあらゆるビジネスにおいて重要なものになるとの認識が広まりました。逆に言えば、テクノロジーの導入により、ビジネスモデルが破壊される可能性があるという危機を多くの人たちが実感したことが大きい変化と考えています。

Q

そうなると、Unissuの存在はますます重要になります。

A

はい、その通りです。Unissuは、世界の不動産業界がテクノロジーを理解し、PropTech企業がより多くの顧客とつながることを支援するために存在しています。これは、私と共同創業者であるEddie Holmesが10年以上にわたって実施してきた研究の成果と言えます。

私たちは世界中を飛び回り、テクノロジーが不動産業界にどのような影響を与えているかについて、PropTech企業をはじめ、不動産会社、保険会社、銀行にアドバイスをしてきました。

Unissuでは、不動産業界の専門家が業界の将来を理解するためのツールやリソースの提供、そして独自のイベントプラットフォームを運営しています。PropTech製品がどのように成功しているかを理解したい、製品間の違いを理解したい、データに基づいたビジネスケースを作成したいなど、皆さんの要望にお応えすることできます。

Q

そもそも、Unissuを立ち上げようと思った理由はどのようなものですか。

A

まず、DX（デジタルトランスフォーメーション）は、10年以上の長きにわたって取り組む、必要なプロセスであると認識していました。その一方で、不動産業界は、ビジネスモデルの変化について正しい教育を受けていないと感じていました。そこで私たちは、同じような考えを持った人たちが集まり、情報を共有し、教育を受け、継続的に利用できるテクノロジーのサプライヤーを見つけ、未来のリーダーになるためのプラットフォームを作らなければならないと思ったのです。

現在の不動産業界におけるCEO（最高経営責任者）やディレクターたちは、特定の分野に特化していると認識しています。将来のリーダーとなるのは、現在イノベーション領域のディレクターとして活動している人たちです。私たちは、そんな彼らが可能な限り変革について十分な教育を受けていることを確認したい、不動産業界をできる限りサポートしていきたいと考えています。

Q

Unissuの役割が増す中、今後のチャレンジとビジョンについて教えてください。

A

Unissuは、マーケットプレイスという特性を持っています。一方には技術のサプライヤーが、もう一方にはその技術を活用する専門家がいます。こうした技術供給市場において、販売側を確保するのは簡単ですが、購入側を獲得するのは非常に難しいことです。私たちがターゲットにしているのは、不動産業界で働いている何億もの人たちではなく、テクノロジーを活用して変化を起こす特定の職種の人たちなのです。

私たちは、彼らを「デジタルの達人」と呼んでいます。私たちの継続的な課題は、その特定のグループの人たちを教育できているかをトラッキングすること。彼らに対し、私たちが正しく情報を提供できているか――。この点が、私たちにとっての大きな課題となっています。

パートナーであるコミュニティから見ると、私たちのマーケットプレイスは非常にうまく機能しているように見えると思います。収益化には常に課題があるものの、我々にとっての真の課題は十分な資金を得ることではなく、適切な人材を確保することと考えています。

Q

Unissuの活動、そしてDearsleyさんの活動は、日本の読者の皆さんにとても参考になります。最後に、メッセージをお願いします。

A

自分のキャリアをさらに伸ばしたいと思ったときに一番大切なことは、次の20～30年のスパンを見据えて、特定のコミュニティのメンバーになることです。例えば日本で言えば、PropTech JAPANのような、グローバルでも活動するようなコミュニティが望ましいと思います。

PropTechという文脈では、ローカルな問題解決がグローバルなソリューションになるケースが存在します。ナイジェリア・ラゴスの事例が、日本・東京のあなたの問題を解決する、といったことが起きるかもしれません。

そのため、各々が自身の所属するコミュニティで、ローカルな観点を持ちながらも、グローバル市場における観点も保有することが重要となってきています。ローカルな観点とグローバルな観点を養うために、ぜひUnissuのプラットフォームを役立ててください。

おわりに

筆者は小さな時から魚釣りが大好きで、大人になった今でも海での船釣りを中心に釣りを楽しんでいる。

そんな中、本書へコメントも頂いた堀江貴文さんに機会を頂き、2020年から東北でマグロ釣りを楽しんでいる。成人男性よりも重い巨大なマグロ釣りに魅了された私は、その後東北に通うようになった。

すると、釣り仲間も徐々に増え始め、ある日、とある民家に招かれた。持ち主は東京在住のオーナーで、釣りのために空き家を買って住んでいたのだ。漁港の周辺は少子高齢化が進み、空き家が年々増加している。自治体も対応に苦戦しており、空き家の再利用に真剣に取り組んでいる。

そして、釣りを楽しむ人々が、漁港近くの空き家を購入してリノベーションし、釣りをするシーズン期間のみそこで暮らす「多拠点生活」をしているのだ。そしてこれが全国の港町で起こり始めていると知った。

さらに話を聞くと、都市部から若者たちもシーズン中に移住してきており、中にはYouTuberの人もいる。釣りなどのアウトドアを専門にしたYouTuberだ。

"Connecting the dots"（点と点をつなげる）

スティーブジョブズの名言が私の頭の中に浮かんでいた。どれか一つでも欠けてしまえば、その港町の空き家が生かされるチャンスはなかなかない。釣りが好きでこれまでも移住する人はいたと思うが、お金に余裕がある一部の人だけであっただろう。

それがYouTuberをはじめとするITのおかげで、いつ、どこでも収入を得ることができるようになった。さらに、多くの企業はリモートワークの推進を行い、ワーケーションにも取り組んでいる。東北の港町の古民家の例は、決して珍しいものではなく、地域経済における新たな不動産の形だった。

PropTechと言えば、都市部、グローバルで展開する巨大企業の取り組みが主流だが、こうした地域経済においても今後ますます存在感を増すと筆者は考えている。

地域の不動産においてITの活用は必須であり、重要な「点」なのだ。ローカルの地域経済における「点」は小さいかもしれないが、着実にネットワーク化される。そして、グローバルのPropTechにおいての「点」は「不動産」「建設」「金融」といった産業そのものになっていくだろう。

本書の執筆にあたり、普段から議論し一緒に取り組みを推進してくれる国内外のPropTechに取り組む起業家、投資家、企業の皆様、各章のコラムや、執筆内容に助言、協力をしてくれた皆様、デジタルベースキャピタルのスタッフ、執筆の機会を頂いた日経FinTech編集長 岡部一詩氏、私の執筆活動を根気強くプロとしてサポートしてくれた日経BP 荻原博之氏、そしていつもサポートしてくれる妻と息子に心より感謝している。

桜井 駿

桜井 駿（さくらい しゅん）

株式会社デジタルベースキャピタル　代表パートナー

みずほ証券株式会社、株式会社NTTデータ経営研究所を経て、2019年に株式会社デジタルベースキャピタルを設立。規制産業領域であるPropTech、Fintechのスタートアップ投資・育成、大手企業向けのデジタル戦略、DXに関するコンサルティングを行う。不動産・建設領域のスタートアップコミュニティ「PropTech JAPAN」の設立や、一般社団法人Fintech協会事務局長、経済産業省新公共サービス検討会委員などを歴任。著書には、『決定版FintTech』（東洋経済新報社、共著）、『知識ゼロからのフィンテック入門』（幻冬舎）、『超図解ブロックチェーン入門』（日本能率協会マネジメントセンター）などがある。

100兆円の巨大市場、激変
プロップテックの衝撃

2021年4月5日　第1版第1刷発行

著者	桜井 駿
発行者	吉田 琢也
発行	日経BP
発売	日経BPマーケティング
	〒105-8308　東京都港区虎ノ門4-3-12
装丁	松川 直也（日経BPコンサルティング）
制作	日経BPコンサルティング
編集	荻原 博之
印刷・製本	大日本印刷

ISBN978-4-296-10742-1　Printed in Japan

・本書籍に関するお問い合わせ、ご連絡は下記にて承ります。
https://nkbp.jp/booksQA